行政单位会计制度讲解

（第 二 版）

梁文莉 编著

图书在版编目（CIP）数据

行政单位会计制度讲解/梁文莉编著．—2 版．—北京：地震出版社，2017.5

ISBN 978-7-5028-3987-1

Ⅰ．①行…　Ⅱ．①梁…　Ⅲ．①单位预算会计－会计制度－中国　Ⅳ．①F812.2

中国版本图书馆 CIP 数据核字（2017）第 057501 号

地震版　XM3967

行政单位会计制度讲解（第二版）

梁文莉　编著

责任编辑：薛广盈　吴桂洪

责任校对：刘春云

出版发行：地震出版社

北京市海淀区民族大学南路 9 号　　邮编：100081

发行部：68423031　68467993　　传真：88421706

门市部：68467991　　传真：68467991

总编室：68462709　68423029　　传真：68455221

证券图书事业部：68426052　68470332

http：//www.dzpress.com.cn

E-mail：zqbj68426052@163.com

经销：全国各地新华书店

印刷：廊坊市华北石油华星印务有限公司

版（印）次：2017 年 5 月第一版　2017 年 5 月第一次印刷

开本：787×1092　1/16

字数：282 千字

印张：13.25

书号：ISBN 978-7-5028-3987-1/F（4660）

定价：38.00 元

前　言

行政单位作为管理国家行政、组织经济建设和文化建设、维护社会公共秩序的机构，其行使的是对社会经济的行政管理职能，从事的活动较一般企业以及事业单位具有特殊性，因此，行政单位对实现社会的共同发展起着非常重要的作用。而对行政单位发生的业务进行及时有效的会计核算犹如对行政单位的整体脉络进行梳理，是行政单位正常运转的基础，因此不断完善行政单位会计制度的重要性不言而喻。

原《行政单位会计制度》由财政部颁布于1998年，其对规范行政单位会计核算、加强行政单位财务管理发挥了重要作用。但是，随着公共财政体系不断建立健全，财政预算管理改革逐步深入推进，原制度已不能适应新形势发展的需要，亟需修订。同时，为了加强行政单位的预决算管理、收支结余管理、资产负债管理，新修订的《行政单位财务规则》（财政部令第71号）已经于2013年1月1日起开始全面实施。因此，为了进一步规范行政单位会计核算和管理，适应公共财政管理改革与发展的需要，满足行政单位财务管理的需要，进一步提高行政单位会计信息质量，财政部根据《中华人民共和国会计法》和其他有关法律、行政法规、部门规章，对1998年版的《行政单位会计制度》进行了修订，并于近日发布了新《行政单位会计制度》（财库〔2013〕218号，以下简称《制度》），新制度从2014年1月1日开始全面执行，由此可见很有必要对新出台的《行政单位会计制度》进行全方面解读。

为了加快行政单位从旧会计制度到新会计制度转变的速度，实现顺利过渡，同时加深行政单位相关会计从业人员对新制度的理解，加快其对新制度的掌握提高其实际执业能力，我们编写了《行政单位会计制度讲解》一书，本书总共分为七章内容，通过从制度的整体情况、制度包含的五大会计要素和财务报表的角度全方面地阐述新《行政单位会计制度》的基本框架、制度背景以及行政单位各类基本的会计业务处理方法，并且在对新旧制度进行对比的基础上综合分析新旧会计制度的衔接处理，以达到使读者透彻理解新制度的目的，从而有利于推动新制度的顺利实施。

本书在编写过程中参考了《行政单位会计制度》《行政单位财务规则》等法规条文和财政部相关负责人就修订发布《行政单位会计制度》的答记者问等新闻资料，并且结合实务中可能会遇到的具体情况将这些条文与实践相结合，使新制度落到实处，而不仅仅是停留在理论阶段。

由于主观和客观等方面的因素限制，本书在某些方面可能还存在一定的改进空间，欢迎各位读者在阅读本书之后与我们沟通，提出相应建议。作者联系邮箱：suoxh@139.com。

梁文莉

2017年3月

目　录

第一章　新《行政单位会计制度》介绍

行政单位是指进行国家行政管理、组织经济建设和文化建设、维护社会公共秩序的单位，由于行政单位行使对社会经济的行政管理职能，因此其从事的经济活动相对于一般企业以及事业单位具有特殊性，主要是为了满足社会共同发展的需要，其重要性不言而喻。因此，行政单位会计逐渐形成会计领域的一个特殊重要分支。为了进一步规范行政单位会计核算，保证会计信息质量，根据《中华人民共和国会计法》和其他有关法律、行政法规、部门规章，财政部对1998年版的《行政单位会计制度》进行了修订，新《行政单位会计制度》从2014年1月1日开始执行。

第一节　行政单位会计基本框架

行政单位会计属于会计的一个分支，因此其符合会计的基本定义：会计是经济管理的重要组成部分，是以货币计量为基本形式，对会计主体的经济活动进行核算和监督的一种管理活动。同时，由于服务对象区别于其他种类会计，行政单位会计自身具有一定的特点，是指各级行政党派、政协机关核算和监督国家预算资金的取得、使用及其结果以提高社会效益的一种非营利组织会计。掌握会计的基本框架有助于从整体上理解会计科目的设置以及分录的处理，本节主要拟针对行政单位会计的基本框架进行阐述，包括行政单位会计的适用范围、核算目标、基本假设、基本要素、核算基础、记账方法，信息质量要求、会计科目的设置等内容。

一、行政单位会计适用范围

行政单位会计适用于各级各类国家机关、政党组织（以下统称行政单位）。此处行政单位是指进行国家行政管理、组织经济建设和文化建设、维护社会公共秩序的单位，主要包括国家权力机关、行政机关、司法机关以及实行预算管理的其他机关、政党组织等。

（一）权力机关

权力机关是集中行使国家权力的机关。我国最高国家权力机关是全国人民代表大会，地方各级国家权力机关是地方各级人民代表大会，其常设机关分别为全国人大常委会、地方常委会。

（二）行政机关

行政机关是指依宪法和有关组织法规定设置的行政组织，属于国家机构的基本组成部分，行使国家行政职权，负责对国家各项行政事务进行组织、管理、监督和指挥的国家机关。包括政府以及有关功能部门，如中央人民政府国务院和地方各级人民政府。

（三）司法机关

狭义的司法机关仅指审判机关，具体指最高人民法院、地方各级人民法院及派出机构；广义的概念中还包括检察机关，如最高人民检察院、地方各级人民检察院等。

（四）其他机关和政党组织

除了上述机构之外，适用新《行政单位会计制度》的行政单位还包括党政组织和某些特殊的事业单位，例如国务院发展研究中心、保监会、银监会、证监会等。

行政单位与事业单位之间既存在联系又存在区别，两者同在为促进社会主义物质文明和精神文明建设的发展中起到其他形式的组织无法替代的作用，但是前者侧重的是对国家各项行政事务进行组织、管理和指挥，后者主要为了社会的公益目的从事教育、文化、卫生、科技等活动，并且行政单位经费来源单一，主要依靠财政资金，具有明显的非营利性。国家行政机关对事业单位进行领导和管理，事业单位为国家行政机关提供各种服务。

二、行政单位会计核算目标

行政单位会计核算目标是向会计信息使用者提供与行政单位财务状况、预算执行情况等有关的会计信息，反映行政单位受托责任的履行情况，有助于会计信息使用者进行管理、监督和决策。其中，行政单位会计信息使用者包括人民代表大会、政府及其有关部门、行政单位自身和其他会计信息使用者。

（一）新旧制度对比

相比于原制度中行政单位会计核算主要侧重于反映单位预算收支信息而缺乏对财务状况的反映，新《行政单位会计制度》将会计核算目标清晰定位于满足行政单位预算管理和财务管理的双重需求，不仅要反映行政单位预算执行情况，也要反映行政单位财务状况。

（二）会计目标在核算方法中的体现

会计核算目标的清晰化和明确化对会计核算方法产生了一定的影响，例如“双分录”适用范围除固定资产外扩大到在建工程、无形资产、政府储备物资、公共基础设施、存货、预付账款、应付账款、长期应付款等9个科目就是为了更好地实现会计核算目标。

由于我国预算编制基础是收付实现制，所以只有当实际收支采用收付实现制基础确认和报告时才能与预算形成有效对比，准确反映预算执行情况。如果将“双分录”的应用范围限定为非流动资产，则无法实现行政单位会计核算目标，也不利于统一部门决算和财政决算口径，并且虚增单位结转结余资金。例如，单位发生预付账款时，记“预付账款”而不记支出，造成单位资金已经支付，但是仍反映在账面的结余中，虚增了结余。此外，对“应付账款”和“长期应付款”这两项负债采用“双分录”核算，使得会计核算在真实反映单位负债的同时，不影响预算执行的准确反映。如果不采用“双分录”，单位可能会面临两难困境：反映单位负债，就无法准确反映单位预算执行情况；准确反映单位预算执行情况，就无法反映单位负债。

三、行政单位会计基本假设

（一）会计主体

行政单位应当对其自身发生的经济业务或者事项进行会计核算。

会计主体是对会计确认、计量和报告在空间范围上的界定，只有将会计核算和财务报告区别于其他经济实体而集中于对某特定对象活动的反映，将会计主体的交易或事项与会计主体所有者或者其他会计主体的交易或事项分开，才能够清楚界定会计所要处理的各项交易和事项的范围，从而准确地为会计信息使用者提供决策有用的信息，实现会计核算目标。因此，会计主体的确定是进行会计确认、计量、报告的基础和重要前提。行政单位的会计主体为会计所服务的各类行政组织和单位。

（二）持续经营

行政单位会计核算应当以行政单位各项业务活动持续正常地进行为前提。

持续经营是会计核算的基础，具体指企业的生产经营活动将按照既定的目标持续下去，在可以预见的将来不会面临破产清算，意味着会计主体能够按照既定用途使用资产、按照既定的合约条件清偿债务等。整个行政单位会计制度均是以持续经营为前提加以制定和规范的，只有当行政单位能够持续经营，采用非清算基础对其交易和事项进行核算、选择会计确认、计量和报告的原则和方法才能够客观反映其财务状况以及预算执行情况，例如资产按历史成本或公允价值进行计量只适用于持续经营的情况，一旦会计主体进行清算程序，资产折旧费用计提等核算方法都不再适用。

（三）会计分期

行政单位应当划分会计期间，分期结算账目和编制财务报表。会计期间至少分为年度和月度。会计年度、月度等会计期间的起讫日期采用公历日期。

会计分期是对会计确认、计量和报告在时间范围上的界定，具体是指把企业持续不断的生产经营活动划分为一个个连续的、相同长短期间，据以结算账目和编制会计报表，从而及时地向信息使用者提供反映行政单位的财务状况以及预算执行情况。结合行政单位会计核算目标中向会计信息使用者提供与财务状况、预算执行情况等有关的会计信息，有助于会计信息使用者进行管理、监督和决策，会计分期的假设是实现上述会计目标的基本要求，其能够为相关决策者及时提供信息，使其能够对比会计主体不同期间的财务表现以及预算执行情况，及时纠正重大偏差。正是有了会计分期假设，才产生了当期与其他期间的差别，从而出现了权责发生制和收付实现制的区别，进而出现了应收、应付、递延、预提、待摊等会计处理方法。

（四）货币计量

行政单位会计核算应当以人民币作为记账本位币。发生外币业务时，应当将有关外币金额折算为人民币金额计量。

为了实现会计核算目标，就必须有一个统一的尺度来综合衡量会计主体的各项经济活动，货币计量假设具体是指企业在会计核算中要以货币为统一的主要计量单位，记录和反映企业生产经营过程和经营成果。货币作为商品的一般等价物，由于其本身具有一定的特殊属性，例如价值尺度、流通手段、贮藏手段和支付手段等，能够从各方面客观反映并汇总会计主体的经济行为，便于会计计量和经营管理。以货币作为统一的计量单位能够使会计信息具有可比性，为各项会计核算原则的确立奠定了基础，同时该假设隐含了币值稳定的前提，只有当币值稳定时，不同时点的资产价值、不同期间的收入和费用才具有可比性，会计核算提供的会计信息才能真实反映会计主体的经济活动情况。当该假设在现实生活中受到冲击，引申出通货膨胀会计。

四、行政单位会计基本要素

行政单位会计应当按照业务或事项的经济特征确定会计要素。会计要素包括资产、负债、净资产、收入和支出。

会计要素又称为会计对象要素，是指按照交易或事项的经济特征所确定的财务会计对象的基本分类，是会计核算对象的具体化、会计基本理论研究的基石、会计准则建设的核心，分为反映财务状况的会计要素和反映经营成果的会计要素。对会计要素合理地界定和分类有利于清晰地反映产权关系和其他经济关系，科学设置会计科目以及设计会计报表的种类、格式等。

由于行政单位在企业性质、企业目标、运营方式等多方面不同于一般企业，两者在会计基本要素的分类方面也存在一定差异，行政单位和一般企业对于资产和负债两类会计要素的内涵基本相同，但是不同于《企业会计准则》将会计要素分为资产、负债、所有者权益（股东权益）、收入、费用和利润六个会计要素，行政单位会计属于非营利组织，其不存在利润要素，另外行政单位的净资产是指其特有的政府与非营利组织拥有的资产净值，在性质上与一般企业的所有者权益存在一定的区别。

（一）资产

资产是指行政单位占有或者使用的能以货币计量的经济资源，包括行政单位在法律上拥有占有权的经济资源以及由其直接支配并供社会公众使用的政府储备物资、公共基础设施等。行政单位的资产应该具有以下三个特征：为特定行政单位所占有或者使用；能用货币进行计量；有助于单位进行正常公务活动的经济来源。根据流动性可以将行政单位的资产分为流动资产和非流动性资产，其中非流动性资产包括固定资产、在建工程、无形资产等。

（二）负债

负债是行政单位承担的能以货币计量，需要以各项资产偿还的债务。行政单位的负债应该具有以下一般特征：由过去的交易或事项形成，属于在未来一定时期内必须偿付的现时义务；流出的经济利益可用货币可靠计量；有确切的债权人和偿还期限。另外，行政单位负债一般以国家财政法律、法规、规章约束为前提，资产负债率较小。根据流动性可以将行政单位的资产分为流动负债和非流动性负债，流动负债包括应缴财政款、应缴税费、应付职工薪酬、应付账款等，非流动负债包括长期应付款等。

（三）收入

收入是指行政单位开展业务活动，通过各种形式依法取得的非偿还性资金。行政单位的收入核算依据的是收付实现制，即在收到相关款项时按照实际收到的金额对收入进行确认。根据收入来源和性质可以将行政单位的收入分为财政拨款收入和其他收入，具体可细分为拨入经费、预算外资金收入、其他收入，不包括行政单位与其附属单位之间的资金往来。拨入经费是指行政单位按照经费列报关系，由财政部门或上级单位拨入的预算经费；预算外资金收入是指财政部门按规定从预算外财政专户拨给行政单位的预算外资金以及部分经财政部门核准的按计划使用的预算外资金；其他收入是指行政单位按照规定收取的各种收入以及其他来源形成的收入。

（四）支出

支出是指行政单位为开展业务活动、完成各项任务、保障机构正常运转而发生的资金耗费和损失。行政单位的支出核算依据的是收付实现制，即在支付相关款项时按照实际支付的金额进行确认。根据支出的用途不同，可以将行政单位支出分为经费支出、拨出经费、结转自筹基建，其中经费支出是指行政单位在其业务活动中发生的各项支出；拨出经费是行政单位按核定预算拨付给所属单位的预算资金；结转自筹基建是行政单位经批准用拨入经费款以外的资金安排基本建设，其所筹集并转存建设银行的资金。

（五）净资产

净资产是指行政单位资产扣除负债之后的余额，其数额为资产和负债计量之后的结果。行政单位的净资产由国家所有，包括行政单位资产的价值以及国家拨入的行政经费和单位行使管理职能形成的各项收入扣除各项支出后的年终滚存结余。根据资金来源和用途可以将行政单位的净资产分为资产基金和结余，具体可细分为财政拨款结转、财政拨款结余、其他资金结转结余、资产基金、待偿债净资产等科目。

五、行政单位会计核算基础

（一）会计核算基础的内涵

会计核算基础主要分为收付实现制和权责发生制两种。收付实现制又称为实收实付制，是指以实际收到或者付出现金为标准来记录收入和费用的发生，而无论该收入或者费用业务是否属于本期，即现金收支行为在其发生的期间全部记作收入和费用，而不考虑与现金收支行为相连的经济业务实质上是否发生。权责发生制又称为应收应付制，是指以收入的权利和支出的义务是否归属于本期为标准确认收入、费用的发生，而不考虑相关款项在本期是否收到或者支出。

（二）会计核算基础对比及适用范围

收付实现制与权责发生制同为会计核算的基础，对相同的经济事项进行处理可能产生不同的结果，两者主要在以下方面存在本质区别：收付实现制不用考虑预收、预付、应收、应付等问题，同时也不存在未达账项，而权责发生制存在跨期问题，需要对特定的费用进行摊销或者预提，因此两者所需设置的会计科目存在较大的差异。

采用收付实现制进行核算比较简单，并且对收入、费用以及利润的核算较为客观且具有可比性，人为操纵的可能性较小，并且长期投资的决策依据是现金流量的回收，但是其最大的缺点在于无法准确及时地反映企业的经营状况和财务成果，因此收付实现制主要应用于行政事业单位以及个体户等，根据《企业会计准则》中的规定一般企业不允许采用该原则进行会计核算。

相比之下，由于权责发生制采用经济业务发生期间的标准进行会计核算，对收入和费用按照收益期间进行归属和配比，其计算出的经营结果较为准确科学合理，但是根据业务实际发生的期间核算必然会涉及到将费用或收入分摊到不同的会计期间当中，需要对例如折旧方法、折旧期限、资产计价方法等具体的会计处理方法进行人为估计和职业判断，使得其在客观性和可比性方面有所丧失，并且可能会造成企业账上存在盈余却难以维持企业资金健康运转从而遭遇财务困境的情况。因此，虽然我国《企业会计准则》规定："会计核算应当以权责发生制为基础"，在进行会计核算时依旧要具体情况具体分析，不能把权责发生制作为一项任何情况下都适用的原则。

（三）行政单位的会计核算基础

行政单位会计核算一般采用收付实现制，特殊经济业务和事项应当按照本制度的规定采用权责发生制核算。另外，行政单位应当采用借贷记账法记账。

在行政单位会计核算中部分引入权责发生制是我国社会主义市场经济体制建设和发展的必然结果，收付实现制已经无法完全准确地记录和反映行政单位的财务状况，而权责发生制能够通过提供更为全面、准确的部门财务状况信息为编制预算提供更科学的依据，为绩效考评提供基础，有利于促进财政管理改革，提高政府财政管理水平；通过提高财务报告的信息质量建立有效的政府财务报告制度；通过全面地反映政府的负债状况揭示和防范财政风险，有利于进行科学的宏观经济决策。

六、行政单位会计记账方法

本制度规定行政单位的会计记录应当使用中文，少数民族地区可以同时使用本民族文字。

由于行政单位会计的目标主要是向会计信息使用者提供与行政单位财务状况、预算执行情况等有关的会计信息，反映其受托责任的履行情况，为了便于会计信息使用者进行管理、监督和决策，行政单位的会计计量应该使用中文，少数民族地区可以根据具体情况同时使用本民族的文字。

七、行政单位会计信息质量要求

会计信息质量要求是利益相关者选择适用的会计准则、程序和方法的衡量标准，从某种程度上来说是财务目标的具体化，可以通过会计信息质量来判断能够有助于决策的会计信息。新《行政单位会计制度》中规定的行政单位会计信息质量要求主要包括以下几个方面：

（一）可靠性

行政单位应当以实际发生的经济业务或者事项为依据进行会计核算，如实反映各项会计要素的情况和结果，保证会计信息真实可靠。可靠性要求行政单位会计在报表中反映的各项信息不能误导信息使用者的判断，不得进行虚假陈述或者误导性陈述。

可靠性是会计的本质属性，其在国际会计准则中的内涵为“信息没有重要错误或偏向，并且能够如实反映其拟反映或该反映的情况供使用者作依据”，该定义涵盖了可靠性的三个方面：“如实反映”即真实性、“没有重要错误”即可验证性、“没有偏向”即中立性。其中真实性是可靠性的核心，其强调会计信息与实际相符，但是由于客观条件的限制约束以及主观专业判断的存在，会计信息的真实性具有相对性；可验证性主要针对的是会计信息的客观真实性，其要求会计反映的经济业务等由其他人员通过检查相同的证据、数据和记录，能够得出相同的或相近的结论信息以保证不同利益相关者均能够信赖会计信息，即对会计原始数据的获取、核算方法的选择等都是可以再次验证的；中立性要求会计反映的信息不失公允，不存在企图取得预定结果或诱发特定行为的偏向，不以任何人的主观意志为转移，不能通过刻意地选择信息披露影响利益相关者的判断与决策。

（二）相关性

行政单位提供的会计信息应当与行政单位受托责任履行情况的反映、会计信息使用者的管理、监督和决策需要相关，有助于会计信息使用者对行政单位过去、现在或者未来的情况作出评价或者预测。

相关性要求行政单位在确认、计量和报告会计信息的过程中，充分考虑不同使用者对会计信息要求的不同特点、决策模式。相关性的涵义包括两个方面的内容：预测以及反馈价值。相关的会计信息应该有利于信息使用者在评价过去和现在事项的基础上预测企业未来的财务状况、经营成果和现金流量，从而作出最优决策；另外，相关的会计信息应当能够有助于信息使用者评价企业过去的决策，并对相关预测进行修正，因而具有反馈价值。

会计信息的相关性是以可靠性为基础的，两者存在辩证统一的关系，行政单位在可靠性的前提下尽量提高会计信息的相关性，以满足利益相关者作出最优决策的需要，最终实现会计信息的有用性。相关性和可靠性之间的权衡主要涉及历史成本计量方法和公允价值计量方法的取舍，适当引入公允价值能够提高会计信息的预测价值，从而提升会计信息的相关性。另外，及时性特征与会计信息的相关性也是密不可分的。

（三）全面性

行政单位应当将发生的各项经济业务或者事项全部纳入会计核算，确保会计信息能够全面反映行政单位的财务状况和预算执行情况等。不全面的会计信息无法达到可靠性的质量要求，全面性要求行政单位在符合重要性和成本效益的原则下无论是对其有利还是不利的信息均进行反映，不能按照主观判断任意取舍，随意遗漏或者减少应该披露的信息。新《行政单位会计制度》中将预算外收支全面纳入会计核算，将基建内容纳入核算范围就是会计信息全面性质量要求的体现。

（四）及时性

行政单位对于已经发生的经济业务或者事项，应当及时进行会计核算，不得提前或者延后。及时性原则要求行政单位在收集记录会计信息、处理会计信息、传递和报告会计信息时要及时，企业在实践中往往要在及时性和可靠性中找到平衡点。及时的会计信息能够帮助管理者发现潜在问题，提早采取行动纠正偏差，滞后的会计信息会大大降低其对于信息使用者的有用性。

（五）可比性

行政单位提供的会计信息应当具有可比性，该可比性要求包括纵向和横向的口径一致。

从横向上看，同一行政单位不同时期发生的相同或者相似的经济业务或者事项，应当采用一致的会计政策，不得随意变更。确需变更的，应当将变更的内容、理由和对单位财务状况、预算执行情况的影响在附注中予以说明。从纵向上看，不同行政单位发生的相同或者相似的经济业务或者事项，应当采用统一的会计政策，确保不同行政单位会计信息口径一致、相互可比。可比性能够使信息使用者更好地理解和使用可靠相关的会计信息，增加会计信息的有用性。

（六）可理解性

行政单位提供的会计信息应当清晰明了，便于会计信息使用者理解和使用。

可理解性要求行政单位提供能够使除了在该领域拥有一定知识的专业人士之外的一般人群能够看懂和运用的会计信息，只有这样才能达到会计信息的有用性，实现财务报告的目标，满足向投资者等财务报告使用者提供决策有用信息的要求。

综上，新《行政单位会计制度》中对会计信息质量的要求主要集中于可靠性、相关性、全面性、及时性、可比性、可理解性。

八、行政单位会计科目

（一）会计科目的设置与作用

会计科目是指按照经济业务的内容和经济管理的要求，对会计要素的具体内容进行进一步分类核算。在设置会计科目时应该遵循合法性、相关性、实用性、清晰性原则。

之所以要在行政单位五大会计要素下再进行细分是由于要素的分类并不能满足会计信息使用者的需求，正是有了会计科目才使得复式记账和编制记账凭证以及会计报表成为可能。会计科目按其所提供信息的详细程度及其统驭关系不同，又分为总分类科目和明细分类科目。前者是对会计要素具体内容进行总括分类，提供总括信息的会计科目，后者是对总分类科目作进一步分类，提供更详细更具体会计信息的科目。此处的明细核算是相对的，需要行政单位根据自身的具体情况进行实际判断，会计科目的详细程度以及细分级数取决于其对于行政单位的重要性，例如在对重要项目的会计科目进行划分时需要更多的级数以更详细地反映其经济业务情况。

（二）本制度对于会计科目的要求

根据新《行政单位会计制度》，行政单位应当按照下列规定运用会计科目：

1. 行政单位应当对有关法律、法规允许进行的经济活动，按照本制度的规定使用会计科目进行核算；行政单位不得以本制度规定的会计科目及使用说明作为进行有关法律、法规禁止的经济活动的依据。

2. 行政单位对基本建设投资的会计核算在执行本制度的同时，还应当按照国家有关基本建设会计核算的规定单独建账、单独核算。

3. 行政单位应当按照本制度的规定设置和使用会计科目，因没有相关业务不需要使用的总账科目可以不设；在不影响会计处理和编报财务报表的前提下，行政单位可以根据实际情况自行增设本制度规定以外的明细科目，或者自行减少、合并本制度规定的明细科目。

4. 按照财政部规定对固定资产和公共基础设施计提折旧的，相关折旧的账务处理应当按照本制度规定执行；按照财政部规定不对固定资产和公共基础设施计提折旧的，不设置本制度规定的“累计折旧”科目，在进行账务处理时不考虑本制度其他科目说明中涉及的“累计折旧”科目。

5. 本制度统一规定会计科目的编号，以便于填制会计凭证、登记账簿、查阅账目、实行会计信息化管理。行政单位不得随意打乱重编本制度规定的会计科目编号。

根据新《行政单位会计制度》中的规定，会计科目的编号统一采取 4 位数，总共含有 34 个一级会计科目，资产类包括 17 个，负债类包括 8 个，净资产类包括 5 个，收入类和支出类分别包括 2 个，行政单位适用的会计科目如下表所示：

表 1－1　《行政单位会计制度》会计科目

序号	科目编号	会计科目名称
一、资产类		
1	1001	库存现金
2	1002	银行存款
3	1011	零余额账户用款额度
4	1021 102101 102102	财政应返还额度 财政直接支付 财政授权支付
5	1212	应收账款
6	1213	预付账款
7	1215	其他应收款
8	1301	存货
9	1501	固定资产
10	1502	累计折旧
11	1511	在建工程
12	1601	无形资产
13	1602	累计摊销
14	1701	待处理财产损溢
15	1801	政府储备物资
16	1802	公共基础设施
17	1901	受托代理资产

续表

序号	科目编号	会计科目名称
二、负债类		
18	2001	应缴财政款
19	2101	应缴税费
20	2201	应付职工薪酬
21	2301	应付账款
22	2302	应付政府补贴款
23	2305	其他应付款
24	2401	长期应付款
25	2901	受托代理负债
三、净资产类		
26	3001	财政拨款结转
27	3002	财政拨款结余
28	3101	其他资金结转结余
29	3501 350101 350111 350121 350131 350141 350151 350152	资产基金 预付款项 存货 固定资产 在建工程 无形资产 政府储备物资 公共基础设施
30	3502	待偿债净资产
四、收入类		
31	4001	财政拨款收入
32	4011	其他收入
五、支出类		
33	5001	经费支出
34	5101	拨出经费

第二节 新行政单位会计制度背景

为适应公共财政改革和行政单位财务管理改革的需要，进一步规范行政单位会计核算，财政部近日修订发布了《行政单位会计制度》（财库〔2013〕218 号，以下简称《制度》），规定自 2014 年 1 月 1 日起全面施行。根据财政部国库司相关负责人关于修订发布《行政单位会计制度》所作的说明，新《行政单位会计制度》的发布背景可以分为以下几个方面。

一、行政单位会计制度修订的必要性

原《行政单位会计制度》颁布于 1998 年，其对规范行政单位会计核算、加强行政单位财务管理发挥了重要作用。但是，随着公共财政体系建立健全和财政预算管理改革深入推进，原《制度》已不能适应新形势发展需要，亟需修订。修订的必要性主要有以下几个方面：

（一）适应公共财政管理改革与发展的需要

2000 年以来，我国相继推行的部门预算、国库集中收付制度、政府收支分类、财政拨款结转和结余资金管理等多项公共财政管理改革，都对行政单位会计核算提出了新要求。为适应改革要求，财政部陆续发布 8 个补充规定对行政单位会计核算方法进行调整，但一直未对原制度进行全面修订，有关行政单位会计核算的规定相对分散。通过修订《行政单位会计制度》，把公共财政管理改革对会计核算的要求写入新制度当中，可以更好地适应公共财政改革与发展需要。

（二）满足行政单位财务管理的需要

新修订的《行政单位财务规则》已于 2013 年 1 月 1 日起实施。新《规则》对行政单位的预决算管理、收支余管理、资产负债管理等方面提出了新要求，其实施需要配套修订《制度》，通过加强日常会计核算与管理，落实《规则》对行政单位财务管理的要求。

（三）进一步提高会计信息质量

原制度中会计科目设置相对简单，核算内容不够全面，例如缺少无形资产、在建工程等科目，行政单位直接管理的一些资产未予核算；固定资产不计提折旧，造成资产价值不实；会计报表列示的项目和内容不尽合理，在资产负债表中列示收入和支出项目；会计信息披露不充分，缺乏对报表附注披露内容的统一规定，影响了行政单位会计信息的全面性、准确性和有用性。通过修订《制度》可以有效解决上述问题，进一步规范行政单位的会计行为，提高行政单位会计信息质量。

二、行政单位会计制度修订的基本原则

相关部门在修订新《行政单位会计制度》的过程中，主要遵循了以下原则：

（一）符合财政改革与发展方向

《国民经济和社会发展第十二个五年规划纲要》要求“进一步推进政府会计改革，逐步建立政府财务报告制度”，《中共中央关于全面深化改革若干重大问题的决定》明确提出“建立权责发生制的政府综合财务报告制度”，《党政机关厉行节约反对浪费条例》规定“推进政府会计改革，进一步健全会计制度，准确核算机关运行经费，全面反映行政成本”。上述要求主要目的是全面核算反映政府资产负债状况和行政成本。新制度的修订工作紧扣财政改革与发展方向，通过加强和完善会计核算，为建立政府综合财务报告制度、全面反映行政成本奠定一定基础。

（二）与新《行政单位财务规则》相衔接

为了与财政部出台的相关文件规定有效衔接，新《行政单位会计制度》的修订在会计要素分类和定义、财务报表体系等方面与新《行政单位财务规则》保持一致。

（三）有利于行政单位会计实务操作

新《行政单位会计制度》修订要更好地服务于行政单位的实际业务需求，有利于行政单位会计实务操作。

三、行政单位会计制度修订的过程

新《行政单位会计制度》的修订工作主要经过以下四个阶段：

（一）调查摸底阶段：2012 年 8 ~ 9 月

财政部国库司在听取部分中央单位和地方财政部门对修订《制度》的意见和建议基础上，初步确定了《制度》修订思路。

（二）起草初稿阶段：2012 年 10 月至 2013 年 4 月

财政部国库司起草《制度》初稿，并组织召开 4 次座谈会，广泛听取有关方面意见，修改形成《制度》讨论稿，提交全国财政国库工作会议讨论。

（三）模拟运行阶段：2013 年 5 月

财政部国库司选择部分行政单位对《制度》[讨论稿] 进行模拟运行，测试有关内容的可操作性。

（四）修改完善阶段：2013 年 6 ~ 11 月

财政部国库司在对各方面反馈意见进行认真梳理和分析研究的基础上，对《制度》讨论稿作进一步修改后形成《制度》征求意见稿，向社会公开征求意见，并根据反馈意见情况，再次进行修改完善，《制度》于 2013 年 12 月印发。

第三节　新旧行政单位会计制度对比

一、总体对比情况

新《行政单位会计制度》与原制度相比，其通过完善会计科目和财务报表体系，详细规定会计科目使用和财务报表编制，较为全面地规范了行政单位经济业务或者事项的确认、计量、记录和报告。新《行政单位会计制度》既继承了原制度的合理内容，又体现了若干重大突破和创新，主要变化体现为以下几点：

第一，明晰会计核算目标。新制度要求会计核算不仅要反映行政单位预算执行情况，也要反映行政单位财务状况；

第二，改进会计核算方法。原制度仅对固定资产采用“双分录”核算方法，而新制度将该方法的应用范围扩大到所有非货币性资产和部分负债，如“在建工程”、“无形资产”、“政府储备物资”、“公共基础设施”、“存货”、“应付账款”、“预付账款”、“长期应付款”等，以兼顾预算管理和财务管理双重需求。

第三，完整体现财政改革对会计核算的要求。新行政单位会计制度中新增了“零余额账户用款额度”、“财政应返还额度”等科目核算具体内容，对近年来出台的行政单位会计核算补充规定从整体上进行了归纳整理。

第四，进一步充实资产负债核算内容。新制度对原制度中的资产负债科目进行细分，在资产方面，新制度新增了“无形资产”、“在建工程”、“待处理财产损溢”、“受托代理资产”等会计科目，并且细化了部分资产科目的核算，如将“暂付款”细分为“应收账款”、“预付账款”、“其他应收款”三个科目；在负债方面，新制度新增了“应缴税费”、“应付政府补贴款”、“受托代理负债”等科目进行核算，同样细化了部分负债科目的核算，如将“暂存款”细分为“应付账款”、“其他应付款”、“长期应付款”科目。

第五，新增为社会提供公共服务资产的核算规定。新制度新增了行政单位直接负责管理的为社会提供公共服务资产的核算规定，增设“政府储备物资”、“公共基础设施”科目，从而区分行政单位的自用资产和为社会提供公共服务的资产，分别进行核算，更准确地反映出行政单位的资产状况。

第六，增加固定资产折旧和无形资产摊销方法。新制度增加了摊销相关资产时应该冲减对应净资产的会计处理，有利于在更加准确地核算行政单位拥有资产的价值的同时准确反映预算支出的情况，便于相关部门对行政单位的管理。

第七，将基建会计并入大账。新制度解决了基建会计信息未在行政单位“大账”上反映的问题，规定基建会计信息要定期并入行政单位会计“大账”，有利于保持行政单位会计信息的完整性要求。

第八，进一步完善净资产核算。新制度增设“资产基金”和“待偿债净资产”科目，前者核算行政单位非货币性资产在净资产中占用的金额，该部分资产无法用来支撑以后的支出，后者反映应付账款和长期应付款将导致未来需要支付相应金额而需要在净资产中冲减的金额。

第九，进一步规范单位收支会计核算。新制度根据行政单位取得收入的性质重新设置了“财政拨款收入”和“其他收入”科目，取消了旧制度中的“预算外资金收入”科目，根据支出使用主体的不同重新设置了“经费支出”和“拨出经费”科目。

第十，完善财务报表体系和结构。新制度增加财政拨款收入支出表，即专门反映单位在某一会计期间财政拨款收入、支出、结转及结余情况的报表。除此之外，改进资产负债表和收入支出表的结构和项目，取消了原制度资产负债表中的收入和支出项目，增加了其可理解性，例如在收入支出表汇总增加了反映单位结转结余调整变动的项目。

二、制度具体对比情况

（一）总则的对比

新制度的总则主要内容包括本制度的制定宗旨及法律依据、适用范围、行政单位会计核算目标和会计信息使用者、基本假设、会计要素、会计核算基础、记账方法等。相比于旧制度，其增加了行政单位会计的目标和利益相关者，明确了会计核算基础，未单独指出行政单位会计属于预算会计组成部分以及行政单位根据机构建制和经费报销关系对会计组织系统分类等。

（二）会计信息质量要求的对比

新准则明确提出对行政会计信息质量的六个要求：可靠性、相关性、全面性、及时性、可比性、可理解性，相比于一般企业的会计信息质量要求，未特别强调实质重于形式、重要性、谨慎性等要求，增加了全面性，从而突出了行政单位的特色。

（三）具体会计核算的对比

该部分具体内容见本书以下各章，此处不再赘述。

三、新旧制度的转换与衔接

修订后的《行政单位会计制度》（财库〔2013〕218 号）（以下简称新制度）自 2014 年 1 月 1 日起施行。为了确保新旧制度顺利过渡，有关部门对行政单位执行新制度的有关衔接问题进行以下规定：

1. 自 2014 年 1 月 1 日起，行政单位应当严格按照新制度的规定进行会计核算和编报财务报表。

2. 行政单位应当按照本规定做好新旧制度的衔接。相关工作包括以下几个方面：

（1）根据原账编制 2013 年 12 月 31 日的科目余额表。

（2）按照新制度设立 2014 年 1 月 1 日的新账。

（3）将 2013 年 12 月 31 日原账中各会计科目余额按照本规定进行调整（包括新旧结转调整和基建并账调整），按调整后的科目余额编制科目余额表，作为新账各会计科目的期初余额。原账中各会计科目是指原《行政单位会计制度》（财预字〔1998〕49 号）规定的会计科目，以及按照财政部印发的有关行政单位会计核算补充规定增设的会计科目。

（4）根据新账各会计科目期初余额，按照新制度编制 2014 年 1 月 1 日期初资产负债表。

第二章　资产

第一节　资产概述

一、资产的定义与分类

（一）资产的定义

资产是指行政单位占有或者使用的，能以货币计量的经济资源。占有，是指行政单位对经济资源拥有法律上的占有权。由行政单位直接支配，供社会公众使用的政府储备物资、公共基础设施等，也属于行政单位核算的资产。

（二）资产的分类

资产按不同的标准可进行不同的分类，例如，按其是否具有实物形态，可以分为有形资产和无形资产；按其与货币的关系，可分为货币性资产和非货币性资产；按其流动性可分为流动资产和非流动资产等。

在行政单位会计中，资产通常是按流动性进行分类的。其中，流动资产是指可以在1年以内（含1年）变现或者耗用的资产，包括库存现金、银行存款、零余额账户用款额度、财政应返还额度、应收及预付款项、存货等。非流动资产是指流动资产以外的资产，包括固定资产、在建工程、无形资产、政府储备物资、公共基础设施、受托代理资产等。

二、资产管理的规定

行政单位应当建立健全单位资产管理制度，加强和规范资产配置、使用和处置管理，维护资产安全完整。行政单位应当按照科学规范、从严控制、保障工作需要的原则合理配置资产。

行政单位应当加强资产日常管理工作，做好资产建账、核算和登记工作，定期或者不定期进行清查盘点，保证账账相符，账实相符。年度终了，应当进行全面清查盘点。对资产盘盈、盘亏应当及时处理。行政单位的资产增加时，应当及时登记入账；减少时，应当按照资产处置规定办理报批手续，进行账务处理。行政单位资产处置应当遵循公开、公平、公正的原则，依法进行评估，严格履行相关审批程序。

行政单位不得以任何形式用占有、使用的国有资产对外投资或者举办经济实体。对于未与行政单位脱钩的经济实体，行政单位应当按照有关规定进行监管。未经同级财政部门批准，行政单位不得将占有、使用的国有资产对外出租、出借。

行政单位应当按照国家有关规定实行资源共享、装备共建，提高资产使用效率。

三、资产的确认、计量和列报

（一）资产的确认

行政单位对符合资产定义的经济资源，应当在取得对其相关的权利并且能够可靠地进行货币计量时确认。

（二）资产的计量

行政单位的资产应当按照取得时实际成本进行计量。除国家另有规定外，行政单位不得自行调整其账面价值。

1. 应收及预付款项应当按照实际发生额计量。

2. 以支付对价方式取得的资产，应当按照取得资产时支付的现金或者现金等价物的金额，以及所付出的非货币性资产的评估价值等金额计量。

3. 取得资产时没有支付对价的，其计量金额应当按照有关凭据注明的金额加上相关税费、运输费等确定；没有相关凭据但依法经过资产评估的，其计量金额应当按照评估价值加上相关税费、运输费等确定；没有相关凭据也未经评估的，其计量金额比照同类或类似资产的市场价格加上相关税费、运输费等确定；没有相关凭据也未经评估，其同类或类似资产的市场价格无法可靠取得，所取得的资产应当按照名义金额（即人民币1元）入账。

4. 行政单位应当按照新《行政单位会计制度》的规定对无形资产进行摊销；对无形资产计提摊销的金额，应当根据无形资产原价和摊销年限确定。

5. 行政单位对固定资产、公共基础设施是否计提折旧由财政部另行规定；按照规定对固定资产、公共基础设施计提折旧的，折旧金额应当根据固定资产、公共基础设施原价和折旧年限确定。

（三）资产的列报

符合资产定义并确认的资产项目，应当列入资产负债表。

四、资产类会计科目

行政单位会计核算适用的资产类会计科目如表2－1所示。

表 2－1　行政单位会计核算资产类会计科目

序号	科目编号	会计科目名称
1	1001	库存现金
2	1002	银行存款
3	1011	零余额账户用款额度
4	1021 102101 102102	财政应返还额度 财政直接支付 财政授权支付
5	1212	应收账款
6	1213	预付账款
7	1215	其他应收款
8	1301	存货
9	1501	固定资产
10	1502	累计折旧
11	1511	在建工程
12	1601	无形资产
13	1602	累计摊销
14	1701	待处理财产损溢
15	1801	政府储备物资
16	1802	公共基础设施
17	1901	受托代理资产

第二节　库存现金

一、库存现金管理的规定

行政单位应当严格按照国家有关现金管理的规定收支现金，并按照本制度规定核算现金的各项收支业务。

行政单位应当设置“现金日记账”，由出纳人员根据收付款凭证，按照业务发生顺序逐笔登记。每日终了，应当计算当日的现金收入合计数、现金支出合计数和结余数，并将结余数与实际库存数核对，做到账款相符。

行政单位有外币现金的，应当分别按照人民币、外币种类设置“现金日记账”进行明细核算。有关外币现金业务的账务处理参见“银行存款”科目的相关规定。

二、库存现金科目的设置

行政单位应当设置“库存现金”科目，对行政单位的现金的收支情况进行核算。“库存现金”科目的借方反映当期行政单位库存现金的增加；贷方反映当期行政单位库存现金的减少；本科目期末借方余额，反映行政单位实际持有的库存现金。

三、库存现金的会计核算

（一）提取或存入现金

从银行等金融机构提取现金，按照实际提取的金额，借记“库存现金”科目，贷记“银行存款”、“零余额账户用款额度”等科目；将现金存入银行等金融机构，借记“银行存款”科目，贷记“库存现金”科目；将现金退回单位零余额账户，借记“零余额账户用款额度”科目，贷记“库存现金”科目。

【例2-1】 某行政单位5月份发生如下现金收支业务：

5月1日，某行政单位开出现金支票从银行提取现金2 000元作为备用金，应做如下会计处理：

借：库存现金　　2 000

　　贷：银行存款　　2 000

5月20日，该行政单位将现金1 000元退回单位零余额账户，应做如下会计处理：

借：零余额账户用款额度　　1 000

　　贷：库存现金　　1 000

（二）支付或报销差旅费

因支付内部职工出差等原因所借的现金，借记“其他应收款”科目，贷记“库存现金”科目；出差人员报销差旅费时，按照应报销的金额，借记有关科目，按照实际借出的现金金额，贷记“其他应收款”科目，按照其差额，借记或贷记“库存现金”科目。

【例2-2】 7月1日，某行政单位工作人员王新到外地出差，临行前向财务借款3 000元。7月29日，王新出差归来，报销差旅费2 000元，退回现金1 000元。应做如下会计处理：

7月1日，王新预支现金时：

借：其他应收款——王新　　3 000

　　贷：库存现金　　3 000

7月29日，王新报销差旅费时：

借：经费支出　　2 000

库存现金　　1 000

贷：其他应收款——王新　　3 000

（三）因业务活动收到或支出现金

因开展业务或其他事项收到现金，借记“库存现金”科目，贷记有关科目；因购买服务、商品或者其他事项支出现金，借记有关科目，贷记“库存现金”科目。

【例2－3】某行政单位用现金500元购买办公用品，应做如下会计处理：

借：经费支出　　500

贷：库存现金　　500

（四）受托代理现金

收到受托代理的现金时，借记“库存现金”科目，贷记“受托代理负债”科目；支付受托代理的现金时，借记“受托代理负债”科目，贷记“库存现金”科目。

【例2－4】某行政单位收到X公司委托代理货币捐赠50 000元，专用于资助广西某村贫困学生上学，应做如下会计处理：

借：库存现金　　50 000

贷：委托代理负债　　50 000

（五）现金短缺或溢余

每日终了结算现金收支，核对库存现金时发现有待查明原因的现金短缺或溢余，应通过“待处理财产损溢”科目核算。属于现金短缺，应当按照实际短缺的金额，借记“待处理财产损溢”科目，贷记“库存现金”科目；属于现金溢余，应当按照实际溢余的金额，借记“库存现金”科目，贷记“待处理财产损溢”科目。待查明原因后作如下处理：

1. 如为现金短缺，属于应由责任人赔偿或向有关人员追回的部分，借记“其他应收款”科目，贷记“待处理财产损溢”科目。

2. 如为现金溢余，属于应支付给有关人员或单位的，借记“待处理财产损溢”科目，贷记“其他应付款”科目。

【例2－5】某行政单位出纳人员在当日结账时发现现金短缺2 000元，由于无法查清短款原因，报经批准后，由责任人王刚赔偿500元（尚未赔偿），其余短款计入当期费用。应做如下会计处理：

发现现金短缺时：

借：待处理财产损溢　　2 000

贷：库存现金　　2 000

报经批准后：

借：其他应收款——王刚　　500

经费支出　　1 500

贷：待处理财产损溢　　2 000

第三节 银行存款

一、银行存款管理的规定

行政单位应当严格按照国家有关支付结算办法的规定办理银行存款收支业务，并按照本制度规定核算银行存款的各项收支业务。

行政单位应当按开户银行或其他金融机构、存款种类及币种等，分别设置“银行存款日记账”，由出纳人员根据收付款凭证，按照业务的发生顺序逐笔登记，每日终了应结出余额。“银行存款日记账”应定期与“银行对账单”核对，至少每月核对一次。月度终了，行政单位账面余额与银行对账单余额之间如有差额，必须逐笔查明原因并进行处理，按月编制“银行存款余额调节表”，调节相符。

行政单位发生外币业务的，应当按照业务发生当日或当期期初的即期汇率，将外币金额折算为人民币金额记账，并登记外币金额和汇率。

二、银行存款科目的设置

行政单位应当设置“银行存款”科目，对行政单位存入银行或其他金融机构的各种存款进行核算。“银行存款”科目借方反映当期行政单位各种存款的增加；贷方反映当期行政单位各种存款的减少；本科目期末借方余额，反映行政单位实际存放在银行或其他金融机构的款项。

三、银行存款的会计核算

（一）存入或支取款项

将款项存入银行或者其他金融机构，借记“银行存款”科目，贷记“库存现金”、“其他收入”等有关科目；提取和支出存款时，借记有关科目，贷记“银行存款”科目。

【例2－6】某行政单位以普通支票转账方式购置文件柜、纸、笔、书桌等办公用品，共计3 000元，应做如下会计处理：

借：经费支出 3 000

贷：银行存款 3 000

（二）收到银行存款利息

收到银行存款利息，借记“银行存款”科目，贷记“其他收入”等科目。

【例2－7】某行政单位期末收到银行存款利息共计2 000元，应做如下会计处理：

借：银行存款　2 000

　　贷：其他收入——利息收入　2 000

（三）支付手续费或银行扣收罚金

支付银行手续费或银行扣收罚金等时，借记“经费支出”科目，贷记“银行存款”科目。

【例2-8】某行政单位因办理询证业务支付银行手续费200元，应做如下会计处理：

借：经费支出　200

　　贷：银行存款　200

（四）受托代理存款

收到受托代理的银行存款时，借记“银行存款”科目，贷记“受托代理负债”科目；支付受托代理的存款时，借记“受托代理负债”科目，贷记“银行存款”科目。

【例2-9】某行政单位将收到X公司专用于资助广西某村贫困学生上学的委托代理捐赠50 000元支付至该村的学校，应做如下会计处理：

借：委托代理负债　50 000

　　贷：银行存款　50 000

（五）外币业务

期末，各种外币账户的期末余额，应当按照期末的即期汇率折算为人民币，作为外币账户期末人民币余额。调整后的各种外币账户人民币余额与原账面余额的差额，作为汇兑损益计入当期支出。

1. 以外币购买物资、劳务等，按照购入当日或当期期初的即期汇率将支付的外币或应支付的外币折算为人民币金额，借记有关科目，贷记“银行存款”、“应付账款”等科目的外币账户。

2. 以外币收取相关款项等，按照收入确认当日或当期期初的即期汇率将收取的外币或应收取的外币折算为人民币金额，借记“银行存款”、“应收账款”等科目的外币账户，贷记有关科目。

3. 期末，根据各外币账户按期末汇率调整后的人民币余额与原账面人民币余额的差额，作为汇兑损益，借记或贷记“银行存款”、“应收账款”、“应付账款”等科目，贷记或借记“经费支出”等科目。

【例2-10】11月1日某行政单位的美元银行存款账户余额500 000美元，共折合人民币3 300 000元；11月6日该单位以200 000美元的价格从国外购进一批固定资产，当日的汇率为：1美元=6.53元人民币；11月30日的汇率为1美元=6.50元人民币。应做如下会计处理：

购进固定资产时：

借：经费支出　1 306 000

贷：银行存款——美元户 1 306 000

借：固定资产 1 306 000

贷：资产基金——固定资产 1 306 000

月底计算汇兑损益时：

计算汇兑损益前“银行存款——美元户”的余额 = 3 300 000 - 1 306 000 = 1 994 000（元）

月末美元账户余额折合人民币金额 =（500 000 - 200 000）×6.50 = 1 950 000（元）

11 月汇兑损失 = 1 994 000 - 1 950 000 = 44 000（元）

借：经费支出 44 000

贷：银行存款——美元户 44 000

第四节　零余额账户用款额度

一、零余额账户用款额度的定义

零余额账户用款额度是指实行国库集中支付的行政单位根据财政部门批复的用款计划收到和支用的零余额账户用款额度。

二、零余额账户用款额度科目的设置

行政单位应当设置“零余额账户用款额度”科目，对实行国库集中支付的行政单位根据财政部门批复的用款计划收到和支用的零余额账户用款额度进行核算。“零余额账户用款额度”科目借方反映当期行政单位零余额账户用款额度的增加；贷方反映当期行政单位零余额账户用款额度的减少；本科目期末借方余额，反映行政单位尚未支用的零余额账户用款额度。年度终了注销单位零余额账户用款额度后，本科目应无余额。

三、零余额账户用款额度的会计核算

（一）收到额度

收到“财政授权支付额度到账通知书”时，根据通知书所列数额，借记“零余额账户用款额度”科目，贷记“财政拨款收入”科目。

【例 2 - 11】某行政单位收到财政授权支付额度到账通知书，收到财政拨款 200 000 元，应做如下会计分录：

借：零余额账户用款额度 200 000

贷：财政拨款收入　200 000

（二）支用额度

按规定支用额度时，借记“经费支出”等科目，贷记“零余额账户用款额度”科目。

【例2－12】某行政单位使用零余额账户用款额度50 000元购进一批存货，应做如下会计分录：

借：经费支出　50 000

　　贷：零余额账户用款额度　50 000

借：存货　50 000

　　贷：资产基金——存货　50 000

（三）从零余额账户提取现金

从零余额账户提取现金时，借记“库存现金”科目，贷记“零余额账户用款额度”科目。

（四）年末注销额度

年末，根据代理银行提供的对账单作银行注销额度的相关账务处理，借记“财政应返还额度——财政授权支付”科目，贷记“零余额账户用款额度”科目。如单位本年度财政授权支付预算指标数大于财政授权支付额度下达数，根据两者间的差额，借记“财政应返还额度——财政授权支付”科目，贷记“财政拨款收入”科目。

下年度年初，行政单位根据代理银行提供的额度恢复到账通知书做恢复额度的相关账务处理，借记“零余额账户用款额度”科目，贷记“财政应返还额度——财政授权支付”科目。行政单位收到财政部门批复的上年末下达零余额账户用款额度时，借记“零余额账户用款额度”科目，贷记“财政应返还额度——财政授权支付”科目。

第五节　财政应返还额度

一、财政应返还额度的定义

财政应返还额度是指实行国库集中支付的行政单位应收财政返还的资金额度。

二、财政应返还额度科目的设置

行政单位应当设置“财政应返还额度”科目，对实行国库集中支付的行政单位应收财政返还的资金额度进行核算。本科目应当设置“财政直接支付”、“财政授权支付”两个明细科目进行明细核算。

“财政应返还额度”科目借方反映当期行政单位财政应返还额度的增加；贷方反映当期行政单位财政应返还额度的减少；本科目期末借方余额，反映行政单位应收财政返还的资金额度。

三、财政应返还额度的会计核算

（一）年末国库集中支付尚未使用的资金额度

1. 财政直接支付。

年末，行政单位根据本年度财政直接支付预算指标数与财政直接支付实际支出数的差额，借记“财政应返还额度——财政直接支付”科目，贷记“财政拨款收入”科目。

【例2-13】某行政单位当年财政直接支付的预算指标数为1 000 000元，当年财政直接支付实际支出数为800 000元，年末，应做如下会计处理：

借：财政应返还额度——财政直接支付　　200 000

　　贷：财政拨款收入　　200 000

2. 财政授权支付。

年末，财政授权支付尚未使用资金额度的账务处理，参见“零余额账户用款额度”科目。根据代理银行提供的对账单作银行注销额度的相关账务处理，借记“财政应返还额度——财政授权支付”科目，贷记“零余额账户用款额度”科目。

【例2-14】年末，某行政单位的代理银行提供的对账单中注销额度为300 000元，应做如下会计处理：

借：财政应返还额度——财政授权支付　　300 000

　　贷：零余额账户用款额度　　300 000

（二）下年初恢复以前年度财政资金额度

下年度年初，行政单位根据代理银行提供的额度恢复到账通知书作恢复额度的相关账务处理，借记“零余额账户用款额度”科目，贷记“财政应返还额度——财政授权支付”科目。

【例2-15】沿用【例2-14】下年初，该行政单位收到代理银行提供的额度恢复到账通知书中恢复额度为300 000元，应做如下会计处理：

借：零余额账户用款额度　　300 000

　　贷：财政应返还额度——财政授权支付　　300 000

（三）行政单位使用以前年度财政资金额度

1. 财政直接支付。

行政单位使用以前年度财政直接支付额度发生支出时，借记“经费支出”科目，贷记“财政应返还额度——财政直接支付”科目。

【例2-16】某行政单位使用以前年度财政直接支付额度30 000元购买办公用品，应做如下会计处理：

借：经费支出　30 000

　　贷：财政应返还额度——财政直接支付　30 000

2. 财政授权支付。

行政单位使用以前年度财政授权支付额度发生支出时的账务处理，参见“零余额账户用款额度”科目。

第六节　应收及预付款项

应收及预付款项是指行政单位在开展业务活动中形成的各项债权，包括应收账款、预付账款、其他应收款等。

一、应收账款

（一）应收账款的定义与确认

应收账款是指行政单位出租资产、出售物资等应当收取的款项。

应收账款应当在资产已出租或物资已出售、且尚未收到款项时确认。

（二）应收账款科目的设置

行政单位应当设置“应收账款”科目，对行政单位出租资产、出售物资等应当收取的款项进行核算。行政单位收到的商业汇票，也通过本科目核算。本科目应当按照购货、接受服务单位（或个人）或开出、承兑商业汇票的单位等进行明细核算。

“应收账款”科目借方反映当期行政单位应收账款的增加；贷方反映当期行政单位应收账款的减少；本科目期末借方余额，反映行政单位尚未收回的应收账款。

（三）应收账款的会计核算

1. 出租资产发生的应收账款。

（1）出租资产尚未收到款项时，按照应收未收金额，借记“应收账款”科目，贷记“其他应付款”科目。

（2）收回应收账款时，借记“银行存款”等科目，贷记“应收账款”科目；同时，借记“其他应付款”科目，按照应缴的税费，贷记“应缴税费”科目，按照扣除应缴税费后的净额，贷记“应缴财政款”科目。

【例 2－17】 3 月 1 日某行政单位向外出租资产，月租金 10 000 元，4 月 6 日收到租金，并缴纳营业税 500 元，应做如下会计处理：

月末确认应收租金时：

借：应收账款 10 000

　　贷：其他应付款 10 000

4 月 6 日收到租金时：

借：银行存款 10 000

　　贷：应收账款 10 000

借：其他应付款 10 000

　　贷：应缴税费 500

　　　　应缴财政款 9 500

2. 出售物资发生的应收账款。

（1）物资已发出并到达约定状态且尚未收到款项时，按照应收未收金额，借记“应收账款”科目，贷记“待处理财产损溢”科目。

（2）收回应收账款时，借记“银行存款”等科目，贷记“应收账款”科目。

【例 2-18】6 月 3 日，某行政单位出售一批旧仪器给 Y 公司，价值 500 000 元，仪器已发出。6 月 30 日，该行政单位收到上述款项。应做如下会计处理：

6 月 3 日，发出旧仪器时：

借：应收账款——Y 公司 500 000

　　贷：待处理财产损溢 500 000

6 月 30 日，收到款项时：

借：银行存款 500 000

　　贷：应收账款——Y 公司 500 000

3. 收到商业汇票。

（1）出租资产收到商业汇票，按照商业汇票的票面金额，借记“应收账款”科目，贷记“其他应付款”科目。出售物资收到商业汇票，按照商业汇票的票面金额，借记“应收账款”科目，贷记“待处理财产损溢”科目。

（2）商业汇票到期收回款项时，借记“银行存款”等科目，贷记“应收账款”科目。其中，出租资产收回款项的，还应当同时借记“其他应付款”科目，按照应缴的税费，贷记“应缴税费”科目，按照扣除应缴税费后的净额，贷记“应缴财政款”科目。

行政单位应当设置“商业汇票备查簿”，逐笔登记每一笔应收商业汇票的种类、号数、出票日期、到期日、票面金额、交易合同号等相关信息资料。商业汇票到期结清票款或退票后，应当在备查簿内逐笔注销。

4. 应收账款的核销。

逾期 3 年或以上、有确凿证据表明确实无法收回的应收账款，按规定报经批准后予以核销。核销的应收账款应在备查簿中保留登记。

（1）转入待处理财产损溢时，按照待核销的应收账款金额，借记“待处理财产损溢”

科目，贷记“应收账款”科目。

（2）已核销的应收账款在以后期间收回的，借记“银行存款”科目，贷记“应缴财政款”等科目。

【例2－19】某行政单位有一笔2009年12月到期的Z公司的应收账款100 000元，有确凿证据表明截至2014年2月28日仍无法收回，按规定报经批准后予以核销。核销后该行政单位又在2014年4月30日收回该款项。应做如下会计处理：

转入待处理财产损溢时：

借：待处理财产损溢　100 000

　　贷：应收账款——Z公司　100 000

报经批准予以核销时：

借：经费支出　100 000

　　贷：待处理财产损溢　100 000

已核销后又收回时：

借：银行存款　100 000

　　贷：应缴财政款　100 000

二、预付账款

（一）预付账款的定义与确认

预付账款是指行政单位按照购货、服务合同规定预付给供应单位（或个人）的款项。

预付账款应当在已支付款项且尚未收到物资或服务时确认。

（二）预付账款科目的设置

行政单位应当设置“预付账款”科目，对行政单位按照购货、服务合同规定预付给供应单位（或个人）的款项进行核算。行政单位依据合同规定支付的定金，也通过本科目核算。行政单位支付可以收回的订金，不通过本科目核算，应当通过“其他应收款”科目核算。本科目应当按照供应单位（或个人）进行明细核算。

“预付账款”科目借方反映当期行政单位预付账款的增加；贷方反映当期行政单位预付账款的减少；本科目期末借方余额，反映行政单位实际预付但尚未结算的款项。

（三）预付账款的会计核算

1. 发生预付账款。

发生预付账款时，借记“预付账款”科目，贷记“资产基金——预付款项”科目；同时，借记“经费支出”科目，贷记“财政拨款收入”、“零余额账户用款额度”、“银行存款”等科目。

【例2－20】2010年1月10日，某行政单位与A公司签订购买合同，约定购买三台设备，价款共500 000元，该行政单位先预付30%的款项，应做如下会计处理：

借：预付账款——A公司 150 000

贷：资产基金——预付款项 150 000

借：经费支出 150 000

贷：零余额账户用款额度 150 000

2. 收到物资或服务。

收到所购物资或服务时，按照相应预付账款金额，借记“资产基金——预付款项”科目，贷记“预付账款”科目；发生补付款项的，按照实际补付的款项，借记“经费支出”科目，贷记“财政拨款收入”、“零余额账户用款额度”、“银行存款”等科目。收到物资的，同时按照收到所购物资的成本，借记有关资产科目，贷记“资产基金”及相关明细科目。

【例2-21】 沿用【例2-20】2010年1月12日，A公司收到预付款后发货。1月15日，该行政单位验货后支付剩余70%的价款，应做如下会计处理：

借：资产基金——预付款项 150 000

贷：预付账款——A公司 150 000

借：经费支出 350 000

贷：零余额账户用款额度 350 000

借：固定资产 500 000

贷：资产基金——固定资产 500 000

3. 预付账款退回。

(1) 发生当年预付账款退回的，借记“资产基金——预付款项”科目，贷记“预付账款”科目；同时，借记“财政拨款收入”、“零余额账户用款额度”、“银行存款”等科目，贷记“经费支出”科目。

(2) 发生以前年度预付账款退回的，借记“资产基金——预付款项”科目，贷记“预付账款”科目；同时，借记“财政应返还额度”、“零余额账户用款额度”、“银行存款”等科目，贷记“财政拨款结转”、“财政拨款结余”、“其他资金结转结余”等科目

【例2-22】 沿用【例2-20】2010年1月12日，A公司受到预付款后发货。1月15日，该行政单位发现设备质量不符合要求，将设备退回，并解除购货合同。1月20日，A公司将预付款退回，应做如下会计处理：

借：资产基金——预付款项 150 000

贷：预付账款——A公司 150 000

借：零余额账户用款额度 150 000

贷：经费支出 150 000

4. 预付账款的核销。

逾期3年或以上、有确凿证据表明确实无法收到所购物资和服务，且无法收回的预付

账款，按照规定报经批准后予以核销。核销的预付账款应在备查簿中保留登记。

（1）转入待处理财产损溢时，按照待核销的预付账款金额，借记“待处理财产损溢”科目，贷记“预付账款”科目。

（2）已核销的预付账款在以后期间又收回的，借记“零余额账户用款额度”、“银行存款”等科目，贷记“财政拨款结转”、“财政拨款结余”、“其他资金结转结余”等科目。

【例2－23】沿用【例2－20】该行政单位预付30%的款项后，A公司迟迟未发货。截至2014年3月31日有确凿证据表明确实无法收到所购设备，也无法收回预付款，按照规定报经批准后予以核销。应做如下会计处理：

转入待处理财产损溢时：

借：待处理财产损溢　　150 000

　　贷：预付账款——A公司　　150 000

报经批准予以核销时：

借：资产基金——预付账款　　150 000

　　贷：待处理财产损溢　　150 000

三、其他应收款

（一）其他应收款的定义与内容

其他应收款是指行政单位除应收账款、预付账款以外的其他各项应收及暂付款项，如职工预借的差旅费、拨付给内部有关部门的备用金、应向职工收取的各种垫付款项等。

（二）其他应收款科目的设置

行政单位应当设置“其他应收款”科目，对行政单位除应收账款、预付账款以外的其他各项应收及暂付款项进行核算。本科目应当按照其他应收款的类别以及债务单位（或个人）进行明细核算。

“其他应收款”科目借方反映当期行政单位其他应收款的增加；贷方反映当期行政单位其他应收款的减少；本科目期末借方余额，反映行政单位尚未收回的其他应收款。

（三）其他应收款的会计核算

1. 发生或收回其他应收款。

发生其他应收及暂付款项时，借记“其他应收款”科目，贷记“零余额账户用款额度”、“银行存款”等科目；收回或转销上述款项时，借记“银行存款”、“零余额账户用款额度”或有关支出等科目，贷记“其他应收款”科目。

【例2－24】8月31日，某行政单位为职工代垫房租和水电费20 000元。9月30日，该行政单位从应付工资中扣除代垫款项。应做如下会计处理：

8月31日，代垫房租和水电费时：

借：其他应收款 20 000

　　贷：银行存款 20 000

9 月 30 日，从应付工资中扣除代垫款时：

借：应付职工薪酬 20 000

　　贷：其他应收款 20 000

2. 备用金。

行政单位内部实行备用金制度的，有关部门使用备用金以后应当及时到财务部门报销并补足备用金。财务部门核定并发放备用金时，借记“其他应收款”科目，贷记“库存现金”等科目。根据报销数用现金补足备用金定额时，借记“经费支出”科目，贷记“库存现金”等科目，报销数和拨补数都不再通过本科目核算。

【例 2－25】 某行政单位 2 月 1 日起实行备用金制度，由刘明负责管理备用金。管理部门的定额备用金核定为 3 000 元，财务开出现金支票。2 月 15 日，刘明使用备用金购买办公用品 1 000 元，交来普通发票，财务用现金补足备用金。应做如下会计处理：

2 月 1 日，发放备用金时：

借：其他应收款——备用金 3 000

　　贷：银行存款 3 000

2 月 15 日，补足备用金时：

借：经费支出 1 000

　　贷：库存现金 1 000

3. 其他应收款的核销。

逾期 3 年或以上、有确凿证据表明确实无法收回的其他应收款，按规定报经批准后予以核销。核销的其他应收款应在备查簿中保留登记。

（1）转入待处理财产损溢时，按照待核销的其他应收款金额，借记“待处理财产损溢”科目，贷记“其他应收款”科目。

（2）已核销的其他应收款在以后期间又收回的，如属于在核销年度内收回的，借记“银行存款”等科目，贷记“经费支出”科目；如属于在核销年度以后收回的，借记“银行存款”等科目，贷记“财政拨款结转”、“财政拨款结余”、“其他资金结转结余”等科目。

第七节　存货

一、存货的定义与确认

存货是指行政单位在开展业务活动及其他活动中为耗用而储存的各种物资，包括材料、燃料、包装物和低值易耗品及未达到固定资产标准的家具、用具、装具等的实际成本。

存货应当在其到达存放地点并验收时确认。

二、存货科目的设置

行政单位应当设置“存货”科目，对行政单位在开展业务活动及其他活动中为耗用而储存的各种物资进行核算。行政单位接受委托人指定受赠人的转赠物资，应当通过“受托代理资产”科目核算，不通过本科目核算。行政单位随买随用的零星办公用品等，可以在购进时直接列作支出，不通过本科目核算。本科目应当按照存货的种类、规格和保管地点等进行明细核算。行政单位有委托加工存货业务的，应当在本科目下设置“委托加工存货成本”科目。出租、出借的存货，应当设置备查簿进行登记。

“存货”科目借方反映当期行政单位存货的增加；贷方反映当期行政单位存货的减少；本科目期末借方余额，反映行政单位存货的实际成本。

三、存货的会计核算

（一）存货的取得

存货取得时，应当按照其实际成本入账。

1. 购入存货。

购入的存货，其成本包括购买价款、相关税费、运输费、装卸费、保险费以及其他使得存货达到目前场所和状态所发生的支出。

购入的存货验收入库，按照确定的成本，借记“存货”科目，贷记“资产基金——存货”科目；同时，按照实际支付的金额，借记“经费支出”科目，贷记“财政拨款收入”、“零余额账户用款额度”、“银行存款”等科目；对于尚未付款的，应当按照应付未付的金额，借记“待偿债净资产”科目，贷记“应付账款”科目。

【例2－26】某行政单位购入材料80 000元，当日收到材料并验收合格入库，应做如下会计处理：

若价款使用财政授权支付方式支付，收到材料并验收入库时：

借：存货 80 000

贷：资产基金——存货 80 000

借：经费支出 80 000

贷：零余额账户用款额度 80 000

若材料验收入库之时尚未支付价款，按照应付未付的金额：

借：存货 80 000

贷：资产基金——存货 80 000

借：待偿债净资产 80 000

贷：应付账款 80 000

2. 置换换入存货。

置换换入的存货，其成本按照换出资产的评估价值，加上支付的补价或减去收到的补价，加上为换入存货支付的其他费用（运输费等）确定。

换入的存货验收入库，按照确定的成本，借记“存货”科目，贷记“资产基金——存货”科目；同时，按实际支付的补价、运输费等金额，借记“经费支出”科目，贷记“财政拨款收入”、“零余额账户用款额度”、“银行存款”等科目。

【例2-27】某行政单位用两台旧设备置换换入一批材料，换出旧设备的原价为500 000元，已提折旧300 000元，评估价值为200 000元。置换换出旧设备收到补价50 000元，当日收到材料并验收入库。应做如下会计处理：

处置旧设备时：

借：待处理财产损溢——待处理财产价值 200 000

累计折旧 300 000

贷：固定资产 500 000

借：资产基金——固定资产 200 000

贷：待处理财产损溢——待处理财产价值 200 000

置换换入材料时：

借：银行存款 50 000

贷：待处理财产损溢——处理净收入 50 000

借：存货 150 000

贷：资产基金——存货 150 000

借：待处理财产损溢——处理净收入 50 000

贷：应缴财政款 50 000

3. 接受捐赠、无偿调入。

接受捐赠、无偿调入的存货，其成本按照有关凭据注明的金额加上相关税费、运输费等确定；没有相关凭据可供取得，但依法经过资产评估的，其成本应当按照评估价值加上相关税费、运输费等确定；没有相关凭据可供取得、也未经评估的，其成本比照同类或类似存货的市场价格加上相关税费、运输费等确定；没有相关凭据也未经评估，其同类或类似存货的市场价格无法可靠取得，该存货按照名义金额入账。

接受捐赠、无偿调入的存货验收入库，按照确定的成本，借记“存货”科目，贷记“资产基金——存货”科目；同时，按实际支付的相关税费、运输费等金额，借记“经费支出”科目，贷记“财政拨款收入”、“零余额账户用款额度”、“银行存款”等科目。

【例2－28】某行政单位接受B公司的捐赠收到材料一批，发票上注明价值共计100 000元，并使用银行存款支付运输费5 000元，收到材料当天验收入库，应做如下会计处理：

借：存货　105 000

　贷：资产基金——存货　105 000

借：经费支出　5 000

　贷：银行存款　5 000

4. 委托加工存货。

委托加工的存货，其成本按照未加工存货的成本加上加工费用和往返运输费等确定。

委托加工的存货出库，借记“存货——委托加工存货成本”科目，贷记“存货”科目下的相关明细科目。支付加工费用和相关运输费等时，借记“经费支出”科目，贷记“财政拨款收入”、“零余额账户用款额度”、“银行存款”等科目；同时，按照相同的金额，借记“存货——委托加工存货成本”科目，贷记“资产基金——存货”科目。委托加工完成的存货验收入库时，按照委托加工存货的成本，借记“存货”科目下的相关明细科目，贷记“存货——委托加工存货成本”科目。

【例2－29】1月5日，某行政单位委托C公司加工材料一批，发出甲材料200 000元。1月7日，支付加工费用和相关运输费用共计100 000元。3月10日，材料加工完毕为乙材料，并验收入库。应做如下会计处理：

1月5日，发出材料时：

借：存货——委托加工存货成本　200 000

　贷：存货——甲材料　200 000

1月7日，支付加工费用和相关运输费用时：

借：经费支出　100 000

　贷：零余额账户用款额度　100 000

借：存货——委托加工存货成本　100 000

　贷：资产基金——存货　100 000

3月10日，材料加工完毕验收入库时：

借：存货——乙材料　　300 000

　　贷：存货——委托加工存货成本　　300 000

（二）存货的发出

存货发出时，应当根据实际情况采用先进先出法、加权平均法或者个别计价法确定发出存货的实际成本。计价方法一经确定，不得随意变更。

1. 开展业务活动等领用。

开展业务活动等领用、发出存货，按照领用、发出存货的实际成本，借记“资产基金——存货”科目，贷记“存货”科目。

【例2－30】某行政单位为开展业务活动领用材料一批，价值50 000元，应做如下会计处理：

借：资产基金——存货　　50 000

　　贷：存货　　50 000

2. 对外捐赠、无偿调出存货。

经批准对外捐赠、无偿调出存货时，按照对外捐赠、无偿调出存货的实际成本，借记“资产基金——存货”科目，贷记“存货”科目。对外捐赠、无偿调出存货发生由行政单位承担的运输费等支出，借记“经费支出”科目，贷记“财政拨款收入”、“零余额账户用款额度”、“银行存款”等科目。

【例2－31】某行政单位向西南小学捐赠一批物资，该批物资价值100 000元，并用银行存款支付运输费2 000元，应做如下会计处理：

借：资产基金——存货　　100 000

　　贷：存货　　100 000

借：经费支出　　2 000

　　贷：银行存款　　2 000

3. 对外出售、置换换出存货。

经批准对外出售、置换换出的存货，应当转入待处理财产损溢，按照相关存货的实际成本，借记“待处理财产损溢”科目，贷记“存货”。

【例2－32】某行政单位将一批材料出售，材料成本50 000元，售价60 000元，应做如下会计处理：

借：待处理财产损溢——待处理财产价值　　50 000

　　贷：存货　　50 000

借：资产基金——存货　　50 000

　　贷：待处理财产损溢——待处理财产价值　　50 000

借：银行存款　　60 000

　　贷：待处理财产损溢——处理净收入　　60 000

借：待处理财产损溢——处理净收入　　60 000

　　贷：应缴财政款　　60 000

（三）存货的报废和损毁

报废、损毁的存货，应当转入待处理财产损溢，按照相关存货的账面余额，借记“待处理财产损溢”科目，贷记“存货”科目。

（四）存货的清查

行政单位的存货应当定期进行清查盘点，每年至少盘点一次。对于发生的存货盘盈、盘亏，应当及时查明原因，按规定报经批准后进行账务处理。

1. 存货的盘盈。

盘盈的存货，按照取得同类或类似存货的实际成本确定入账价值；没有同类或类似存货的实际成本，按照同类或类似存货的市场价格确定入账价值；同类或类似存货的实际成本或市场价格无法可靠取得，按照名义金额入账。

盘盈的存货，按照确定的入账价值，借记“存货”科目，贷记“待处理财产损溢”科目。

2. 存货的盘亏。

盘亏的存货，转入待处理财产损溢时，按照其账面余额，借记“待处理财产损溢”科目，贷记“存货”科目。

【例 2－33】 某行政单位丢失一批材料，材料原价 60 000 元，报经批准后予以核销，应做如下会计处理：

发现盘亏时：

借：待处理财产损溢——待处理财产价值　　60 000

　　贷：存货　　60 000

报经批准予以核销时：

借：资产基金——存货　　60 000

　　贷：待处理财产损溢——待处理财产价值　　60 000

第八节　固定资产

一、固定资产的定义与内容

固定资产是指使用期限超过 1 年（不含 1 年）、单位价值在规定标准以上（1000 元以上，其中专用设备单位价值在 1500 元以上），并在使用过程中基本保持原有物质形态的资产。单位价值虽未达到规定标准，但是耐用时间超过 1 年（不含 1 年）的大批同类物资，应当作为固定资产核算。

固定资产一般分为六类：房屋及构筑物；通用设备；专用设备；文物和陈列品；图书、档案；家具、用具、装具及动植物。

二、固定资产核算基本方法

（一）固定资产科目的设置

行政单位应当设置“固定资产”科目，对行政单位各类固定资产的原价进行核算。行政单位应当根据固定资产定义、有关主管部门对固定资产的统一分类，结合本单位的具体情况，制定适合本单位的固定资产目录、具体分类方法，作为进行固定资产核算的依据。行政单位应当设置“固定资产登记簿”和“固定资产卡片”，按照固定资产类别、项目和使用部门等进行明细核算。出租、出借的固定资产，应当设置备查簿进行登记。

“固定资产”借方反映当期行政单位固定资产的增加；贷方反映当期行政单位固定资产的减少；本科目期末借方余额，反映行政单位固定资产的原价。

（二）固定资产核算的有关说明

1. 固定资产的各组成部分具有不同的使用寿命、适用不同折旧率的，应当分别将各组成部分确认为单项固定资产。

2. 购入需要安装的固定资产，应当先通过“在建工程”科目核算，安装完毕交付使用时再转入“固定资产”科目核算。

3. 行政单位的软件，如果其构成相关硬件不可缺少的组成部分，应当将该软件的价值包括在所属的硬件价值中，一并作为固定资产，通过“固定资产”科目进行核算；如果其不构成相关硬件不可缺少的组成部分，应当将该软件作为无形资产，通过“无形资产”科目核算。

4. 行政单位购建房屋及构筑物不能够分清支付价款中的房屋及构筑物与土地使用权部分的，应当全部作为固定资产，通过“固定资产”科目核算；能够分清支付价款中的房屋及构筑物与土地使用权部分的，应当将其中的房屋及构筑物部分作为固定资产，通过“固定资产”科目核算，将其中的土地使用权部分作为无形资产，通过“无形资产”科目核算；境外行政单位购买具有所有权的土地，作为固定资产，通过“固定资产”科目核算。

5. 行政单位借入、以经营租赁方式租入的固定资产，不通过本科目核算，应当设置备查簿进行登记。

（三）固定资产的确认

1. 购入、换入、无偿调入、接受捐赠不需安装的固定资产，在固定资产验收合格时确认。

2. 购入、换入、无偿调入、接受捐赠需要安装的固定资产，在固定资产安装完成交付使用时确认。

3. 自行建造、改建、扩建的固定资产，在建造完成交付使用时确认。

三、固定资产的会计核算

（一）固定资产的取得

取得固定资产时，应当按照其成本入账。

1. 购入固定资产。

购入的固定资产，其成本包括实际支付的购买价款、相关税费、使固定资产交付使用前所发生的可归属于该项资产的运输费、装卸费、安装费和专业人员服务费等。以一笔款项购入多项没有单独标价的固定资产，按照各项固定资产同类或类似固定资产市场价格的比例对总成本进行分配，分别确定各项固定资产的入账价值。

（1）购入不需安装的固定资产，按照确定的固定资产成本，借记“固定资产”科目，贷记“资产基金——固定资产”科目；同时，按照实际支付的金额，借记“经费支出”科目，贷记“财政拨款收入”、“零余额账户用款额度”、“银行存款”等科目。

（2）购入需要安装的固定资产，先通过“在建工程”科目核算。安装完工交付使用时，借记“固定资产”科目，贷记“资产基金——固定资产”科目；同时，借记“资产基金——在建工程”科目，贷记“在建工程”科目。

（3）购入固定资产分期付款或扣留质量保证金的，在取得固定资产时，按照确定的固定资产成本，借记“固定资产”科目（不需安装）或“在建工程”科目（需要安装），贷记“资产基金——固定资产、在建工程”科目；同时，按照已实际支付的价款，借记“经费支出”科目，贷记“财政拨款收入”、“零余额账户用款额度”、“银行存款”等科目；按照应付未付的款项或扣留的质量保证金等金额，借记“待偿债净资产”科目，贷记“应付账款”或“长期应付款”科目。

【例2－34】某行政单位购入需要安装的电梯一部，电梯价格为2 000 000元，运输及保险费200 000元，扣留质量保证金50 000元，全部价款使用零余额账户用款额度支付，应做如下会计处理：

购入电梯时：

	借方	贷方
借：在建工程——电梯	2 200 000	
贷：资产基金——在建工程		2 200 000
借：经费支出	2 150 000	
贷：零余额账户用款额度		2 150 000
借：待偿债净资产	50 000	
贷：应付账款		50 000

电梯安装完成时：

借：固定资产——电梯　2 200 000

　贷：资产基金——固定资产　2 200 000

借：资产基金——在建工程　2 200 000

　贷：在建工程——电梯　2 200 000

返还质量保证金时：

借：应付账款　50 000

　贷：待偿债净资产　50 000

借：经费支出　50 000

　贷：零余额账户用款额度　50 000

2. 自行建造固定资产。

自行建造的固定资产，其成本包括建造该项资产至交付使用前所发生的全部必要支出。固定资产的各组成部分需要分别核算的，按照各组成部分固定资产造价确定其成本；没有各组成部分固定资产造价的，按照各组成部分固定资产同类或类似固定资产市场造价的比例对总造价进行分配，确定各组成部分固定资产的成本。

（1）工程完工交付使用时，按照自行建造过程中发生的实际支出，借记“固定资产”科目，贷记“资产基金——固定资产”科目；同时，借记“资产基金——在建工程”科目，贷记“在建工程”科目；

（2）已交付使用但尚未办理竣工决算手续的固定资产，按照估计价值入账，待确定实际成本后再进行调整。

3. 自行繁殖的动植物。

自行繁育的动植物，其成本包括在达到可使用状态前所发生的全部必要支出。

（1）购入需要繁育的动植物，按照购入的成本，借记“固定资产——未成熟动植物”科目，贷记“资产基金——固定资产”科目；同时，按照实际支付的金额，借记“经费支出”科目，贷记“财政拨款收入”、“零余额账户用款额度”、“银行存款”等科目。

（2）发生繁育费用，按照实际支付的金额，借记“固定资产——未成熟动植物”科目，贷记“资产基金——固定资产”科目；同时，借记“经费支出”科目，贷记“财政拨款收入”、“零余额账户用款额度”、“银行存款”等科目。

（3）动植物达到可使用状态时，借记“固定资产——成熟动植物”科目，贷记“固定资产——未成熟动植物”。

【例2-35】 某行政单位购入一批紫荆树苗进行培育，价格为200 000元，购买化肥50 000元，培育人工费用100 000元，半年培育成熟，应做如下会计处理：

购入培育树苗时：

借：固定资产——未成熟动植物　200 000

贷：资产基金——固定资产　200 000

借：经费支出　200 000

贷：零余额账户用款额度　200 000

发生繁育费用时：

借：固定资产——未成熟动植物　150 000

贷：资产基金——固定资产　150 000

借：经费支出　150 000

贷：零余额账户用款额度　150 000

培育成熟时：

借：固定资产——成熟动植物　350 000

贷：固定资产——未成熟动植物　350 000

4. 改建、扩建、修缮的固定资产。

在原有固定资产基础上进行改建、扩建、修缮的固定资产，其成本按照原固定资产的账面价值（“固定资产”科目账面余额减去“累计折旧”科目账面余额后的净值）加上改建、扩建、修缮发生的支出，再扣除固定资产拆除部分账面价值后的金额确定。

（1）将固定资产转入改建、扩建、修缮时，按照固定资产的账面价值，借记“在建工程”科目，贷记“资产基金——在建工程”科目；同时，按照固定资产的账面价值，借记“资产基金——固定资产”科目，按照固定资产已计提折旧，借记“累计折旧”科目，按照固定资产的账面余额，贷记“固定资产”科目。

（2）工程完工交付使用时，按照确定的固定资产成本，借记“固定资产”科目，贷记“资产基金——固定资产”科目；同时，借记“资产基金——在建工程”科目，贷记“在建工程”科目。

【例2－36】某行政单位的一台仪器使用多年进行大修，该仪器原价800 000元，已计提折旧400 000元。大修期间，支付工程公司修理费用250 000元。应做如下会计处理：

仪器转入大修时：

借：在建工程　400 000

贷：资产基金——在建工程　400 000

借：资产基金——固定资产　400 000

累计折旧　400 000

贷：固定资产　800 000

发生修理费用时：

借：在建工程　250 000

贷：资产基金——在建工程　250 000

借：经费支出　250 000

贷：零余额账户用款额度 250 000

大修结束后投入使用：

借：固定资产 650 000

贷：资产基金——固定资产 650 000

借：资产基金——在建工程 650 000

贷：在建工程 650 000

5. 置换取得的固定资产。

置换取得的固定资产，其成本按照换出资产的评估价值加上支付的补价或减去收到的补价，加上为换入固定资产支付的其他费用（运输费等）确定，借记“固定资产”科目（不需安装）或“在建工程”科目（需要安装），贷记“资产基金——固定资产、在建工程”科目；按照实际支付的补价、相关税费、运输费等，借记“经费支出”科目，贷记“财政拨款收入”、“零余额账户用款额度”、“银行存款”等科目。

6. 接受捐赠、无偿调入的固定资产。

接受捐赠、无偿调入的固定资产，其成本按照有关凭据注明的金额加上相关税费、运输费等确定；没有相关凭据可供取得，但依法经过资产评估的，其成本应当按照评估价值加上相关税费、运输费等确定；没有相关凭据可供取得、也未经评估的，其成本比照同类或类似固定资产的市场价格加上相关税费、运输费等确定；没有相关凭据也未经评估，其同类或类似固定资产的市场价格无法可靠取得，所取得的固定资产应当按照名义金额入账。

接受捐赠、无偿调入的固定资产，按照确定的成本，借记“固定资产”科目（不需安装）或“在建工程”科目（需要安装），贷记“资产基金——固定资产、在建工程”科目；按照实际支付的相关税费、运输费等，借记“经费支出”科目，贷记“财政拨款收入”、“零余额账户用款额度”、“银行存款”等科目。

【例2－37】 某行政单位接受D公司捐赠的仪器一台，发票上注明仪器价值1 000 000元，并发生运输费用10 000元。仪器不需要安装，运达当天即验收投入使用。应做如下会计处理：

借：固定资产 1 010 000

贷：资产基金——固定资产 1 010 000

借：经费支出 10 000

贷：银行存款 10 000

（二）固定资产折旧的核算

1. 折旧的定义。

固定资产、公共基础设施计提折旧是指在固定资产、公共基础设施预计使用寿命内，按照确定的方法对应折旧金额进行系统分摊。

2. 累计折旧科目的设置。

行政单位应当设置“累计折旧”科目，对行政单位固定资产、公共基础设施计提的累计折旧进行核算。本科目应当按照固定资产、公共基础设施的类别、项目等进行明细核算。占有公共基础设施的行政单位，应当在本科目下设置“固定资产累计折旧”和“公共基础设施累计折旧”两个一级明细科目，分别核算对固定资产和公共基础设施计提的折旧。“累计折旧”科目借方反映当期行政单位折旧的减少；贷方反映当期行政单位折旧的增加；本科目期末贷方余额，反映行政单位计提的固定资产、公共基础设施折旧累计数。

3. 不计提折旧的固定资产。

行政单位对下列固定资产不计提折旧：

（1）文物及陈列品；

（2）图书、档案；

（3）动植物；

（4）以名义金额入账的固定资产；

（5）境外行政单位持有的能够与房屋及构筑物区分、拥有所有权的土地。

4. 计提折旧的有关说明。

（1）行政单位应当根据固定资产、公共基础设施的性质和实际使用情况，合理确定其折旧年限。省级以上财政部门、主管部门对行政单位固定资产、公共基础设施折旧年限作出规定的，从其规定。

（2）行政单位一般应当采用年限平均法或工作量法计提固定资产、公共基础设施折旧。

（3）行政单位固定资产、公共基础设施的应折旧金额为其成本，计提固定资产、公共基础设施折旧不考虑预计净残值。

（4）行政单位一般应当按月计提固定资产、公共基础设施折旧。当月增加的固定资产、公共基础设施，当月不提折旧，从下月起计提折旧；当月减少的固定资产、公共基础设施，当月照提折旧，从下月起不提折旧。

（5）固定资产、公共基础设施提足折旧后，无论能否继续使用，均不再计提折旧；提前报废的固定资产、公共基础设施，也不再补提折旧；已提足折旧的固定资产、公共基础设施，可以继续使用的，应当继续使用，规范管理。

（6）固定资产、公共基础设施因改建、扩建或修缮等原因而提高使用效能或延长使用年限的，应当按照重新确定的固定资产、公共基础设施成本以及重新确定的折旧年限，重新计算折旧额。

5. 折旧的会计核算。

（1）按月计提固定资产、公共基础设施折旧时，按照应计提折旧金额，借记“资产基金——固定资产、公共基础设施”科目，贷记“累计折旧”科目。

（2）固定资产、公共基础设施处置时，按照所处置固定资产、公共基础设施的账面价值，借记“待处理财产损溢”科目（出售、置换换出、报废、损毁、盘亏）或“资产基金——固定资产、公共基础设施”科目（无偿调出、对外捐赠），按照固定资产、公共基础设施已计提折旧，借记“累计折旧”科目，按照固定资产、公共基础设施的账面余额，贷记“固定资产”、“公共基础设施”科目。

【例2-38】6月15日，某行政单位购入仪器一台，原价600 000元，按规定折旧年限为10年，按照平均年限法计提折旧，应做如下会计处理：

6月15日购入仪器时：

借：固定资产　600 000

　　贷：资产基金——固定资产　600 000

借：经费支出　600 000

　　贷：银行存款　600 000

6月30日，当月购买的仪器不计提折旧

7月31日，应计提月折旧额 = 600 000 ÷ 10 ÷ 12 = 5 000（元）

借：资产基金——固定资产　5 000

　　贷：累计折旧　5 000

（三）固定资产的后续支出

1. 资本化的后续支出。

为增加固定资产使用效能或延长其使用寿命而发生的改建、扩建或修缮等后续支出，应当计入固定资产成本，通过“在建工程”科目核算，完工交付使用时转入本科目。有关账务处理参见“在建工程”科目。

2. 费用化的后续支出。

为维护固定资产正常使用而发生的日常修理等后续支出，应当计入当期支出但不计入固定资产成本，借记“经费支出”科目，贷记“财政拨款收入”、“零余额账户用款额度”、“银行存款”等科目。

【例2-39】某行政单位车辆发生日常维修费用20 000元，使用银行存款支付，应做如下会计处理：

借：经费支出　20 000

　　贷：银行存款　20 000

（四）固定资产的处置

1. 出售、置换换出固定资产。

经批准出售、置换换出的固定资产转入待处理财产损溢时，按照固定资产的账面价值，借记“待处理财产损溢”科目，按照已计提折旧，借记“累计折旧”科目，按照固定资产的账面余额，贷记“固定资产”科目。

【例2－40】某行政单位为减少经费开支，将单位中5辆办公车辆予以出售，每辆原值200 000元，已计提折旧50 000元，售价180 000元。同时，共支付营业税45 000元。应做如下会计处理：

将车辆转为待处理财产损溢时：

借：待处理财产损溢——待处理财产价值　750 000
　　累计折旧　250 000
　　贷：固定资产　1 000 000
借：资产基金——固定资产　750 000
　　贷：待处理财产损溢——待处理财产价值　750 000

售出车辆时：

借：银行存款　900 000
　　贷：待处理财产损溢——处理净收入　900 000
借：待处理财产损溢——处理净收入　45 000
　　贷：应缴税费——营业税　45 000
借：待处理财产损溢——处理净收入　855 000
　　贷：应缴财政款　855 000

支付营业税时：

借：应缴税费——营业税　45 000
　　贷：银行存款　45 000

2. 无偿调出、对外捐赠固定资产。

经批准无偿调出、对外捐赠固定资产时，按照固定资产的账面价值，借记“资产基金——固定资产”科目，按照已计提折旧，借记“累计折旧”科目，按照固定资产的账面余额，贷记“固定资产”科目。

无偿调出、对外捐赠固定资产发生由行政单位承担的拆除费用、运输费等，按照实际支付的金额，借记“经费支出”科目，贷记“财政拨款收入”、“零余额账户用款额度”、“银行存款”等科目。

【例2－41】某行政单位无偿调出仪器一台，原价500 000元，已计提折旧100 000元，并使用银行存款支付运费2 000元，应做如下会计处理：

借：资产基金——固定资产　400 000
　　累计折旧　100 000
　　贷：固定资产　500 000
借：经费支出　2 000
　　贷：银行存款　2 000

3. 报废、损毁固定资产。

报废、损毁的固定资产转入待处理财产损溢时，按照固定资产的账面价值，借记“待处理财产损溢”科目，按照已计提折旧，借记“累计折旧”科目，按照固定资产的账面余额，贷记“固定资产”科目。

（五）固定资产的清查

行政单位的固定资产应当定期进行清查盘点，每年至少盘点一次。对于固定资产发生盘盈、盘亏的，应当及时查明原因，按照规定报经批准后进行账务处理。

1. 固定资产的盘盈。

盘盈的固定资产，按照取得同类或类似固定资产的实际成本确定入账价值；没有同类或类似固定资产的实际成本，按照同类或类似固定资产的市场价格确定入账价值；同类或类似固定资产的实际成本或市场价格无法可靠取得，按照名义金额入账。

盘盈的固定资产，按照确定的入账价值，借记“固定资产”科目，贷记“待处理财产损溢”科目。

2. 固定资产的盘亏。

盘亏的固定资产，按照盘亏固定资产的账面价值，借记“待处理财产损溢”科目，按照已计提折旧，借记“累计折旧”科目，按照固定资产账面余额，贷记“固定资产”科目。

第九节　在建工程

一、在建工程的定义与确认

在建工程是指行政单位已经发生必要支出，但尚未交付使用的各种建筑（包括新建、改建、扩建、修缮等）、设备安装工程和信息系统建设工程的实际成本。

在建工程应当在属于在建工程的成本发生时确认。

二、在建工程科目的设置

行政单位应当设置“在建工程”科目，对行政单位已经发生必要支出，但尚未交付使用的建设工程进行核算。本科目应当按照具体工程项目等进行明细核算；需要分摊计入不同工程项目的间接工程成本，应当通过本科目下设置的“待摊投资”明细科目核算。

行政单位的基本建设投资应当按照国家有关规定单独建账、单独核算，同时按照本制度的规定至少按月并入本科目及其他相关科目反映。行政单位应当在本科目下设置

"基建工程"明细科目，核算由基建账套并入的在建工程成本。有关基建并账的具体账务处理另行规定。

不能够增加固定资产、公共基础设施使用效能或延长其使用寿命的修缮、维护等，不通过本科目核算。

"在建工程"科目借方反映当期行政单位在建工程的增加；贷方反映当期行政单位在建工程的减少；本科目期末借方余额，反映行政单位尚未完工的在建工程的实际成本。

三、在建工程的会计核算

（一）建筑工程

1. 固定资产的改建、扩建或修缮。

（1）将固定资产转入改建、扩建或修缮等时，按照固定资产的账面价值，借记"在建工程"科目，贷记"资产基金——在建工程"科目；同时，按照固定资产的账面价值，借记"资产基金——固定资产"科目，按照固定资产已计提折旧，借记"累计折旧"科目，按照固定资产的账面余额，贷记"固定资产"科目。

（2）将改建、扩建或修缮的建筑部分拆除时，按照拆除部分的账面价值（没有固定资产拆除部分的账面价值的，比照同类或类似固定资产的实际成本或市场价格及其拆除部分占全部固定资产价值的比例确定），借记"资产基金——在建工程"科目，贷记"在建工程"科目。改建、扩建或修缮的建筑部分拆除获得残值收入时，借记"银行存款"等科目，贷记"经费支出"科目；同时，借记"资产基金——在建工程"科目，贷记"在建工程"科目。

2. 支付工程款。

根据工程进度支付工程款时，按照实际支付的金额，借记"经费支出"科目，贷记"财政拨款收入"、"零余额账户用款额度"、"银行存款"等科目；同时按照相同的金额，借记"在建工程"科目，贷记"资产基金——在建工程"科目。

根据工程价款结算账单与施工企业结算工程价款时，按照工程价款结算账单上列明的金额（扣除已支付的金额），借记"在建工程"科目，贷记"资产基金——在建工程"科目；同时，按照实际支付的金额，借记"经费支出"科目，贷记"财政拨款收入"、"零余额账户用款额度"、"银行存款"等科目，按照应付未付的金额，借记"待偿债净资产"科目，贷记"应付账款"科目。

3. 支付其他款项。

支付工程价款结算账单以外的款项时，借记"在建工程"科目，贷记"资产基金——在建工程"科目；同时，借记"经费支出"科目，贷记"财政拨款收入"、"零余额账户用款额度"、"银行存款"等科目。

4. 分摊间接工程成本。

工程项目结束，需要分摊间接工程成本的，按照应当分摊到该项目的间接工程成本，借记“在建工程——××项目”科目，贷记“在建工程——待摊投资”科目。

5. 建筑工程完工交付。

建筑工程项目完工交付使用时，按照交付使用工程的实际成本，借记“资产基金——在建工程”科目，贷记“在建工程”科目；同时，借记“固定资产”、“无形资产”科目（交付使用的工程项目中有能够单独区分成本的无形资产），贷记“资产基金——固定资产、无形资产”科目。

【例2-42】某行政单位一办公楼因多年使用需要改建，原值8 000 000元，已计提折旧5 000 000元。改建过程中，拆除部分建筑，账面价值500 000元，并获得残值收入200 000元。改建过程发生改建支出3 000 000元，用零余额账户用款额度支付。改建完工后，验收合格，投入使用。应做如下会计处理：

办公楼转入改建工程时：

	借方	贷方
借：在建工程——办公楼	3 000 000	
贷：资产基金——在建工程		3 000 000
借：资产基金——固定资产	3 000 000	
累计折旧	5 000 000	
贷：固定资产——办公楼		8 000 000

拆除部分建筑时：

	借方	贷方
借：资产基金——在建工程	500 000	
贷：在建工程——办公楼		500 000

获得残值收入时：

	借方	贷方
借：银行存款	100 000	
贷：经费支出		100 000

发生改建支出时：

	借方	贷方
借：经费支出	3 000 000	
贷：零余额账户用款额度		3 000 000
借：在建工程——办公楼	3 000 000	
贷：资产基金——在建工程		3 000 000

完工验收时：

	借方	贷方
借：固定资产——办公楼	5 500 000	
贷：资产基金——固定资产		5 500 000
借：资产基金——在建工程	5 500 000	
贷：在建工程——办公楼		5 500 000

6. 扣留质量保证金。

建筑工程项目完工交付使用时扣留质量保证金的，按照扣留的质量保证金金额，借记“待偿债净资产”科目，贷记“长期应付款”等科目。

【例 2-43】 某行政单位委托建设方新建一座办公楼，完工后扣除质量保证金 200 000 元，应做如下会计处理：

借：待偿债净资产　　200 000

　　贷：长期应付款　　200 000

7. 专用设施产权移交其他单位。

为工程项目配套而建成的、产权不归属本单位的专用设施，将专用设施产权移交其他单位时，按照应当交付专用设施的实际成本，借记“资产基金——在建工程”科目，贷记本科目。

【例 2-44】 某行政单位新建一座办公楼，根据工作需要配套建设了一台仪器，但产权不归属本单位。该仪器的实际成本为 3 000 000 元，该项目完工后将产权移交其他部门，应做如下会计处理：

借：资产基金——在建工程　　3 000 000

　　贷：在建工程　　3 000 000

8. 工程核销。

工程完工但不能形成资产的项目，应当按照规定报经批准后予以核销。转入待处理财产损溢时，按照不能形成资产的工程项目的实际成本，借记“待处理财产损溢”科目，贷记“在建工程”科目。

（二）设备安装

1. 购入需要安装的设备。

购入需要安装的设备，按照购入的成本，借记“在建工程”科目，贷记“资产基金——在建工程”科目；同时，按照实际支付的金额，借记“经费支出”科目，贷记“财政拨款收入”、“零余额账户用款额度”、“银行存款”等科目。

2. 发生安装费用。

发生安装费用时，按照实际支付的金额，借记“在建工程”科目，贷记“资产基金——在建工程”科目；同时，借记“经费支出”科目，贷记“财政拨款收入”、“零余额账户用款额度”、“银行存款”等科目。

3. 交付使用。

设备安装完工交付使用时，按照交付使用设备的实际成本，借记“资产基金——在建工程”科目，贷记“在建工程”科目；同时，借记“固定资产”、“无形资产”科目（交付使用的设备中有能够单独区分成本的无形资产），贷记“资产基金——固定资产、无形资产”科目。

【例2-45】某行政单位以财政授权支付方式购入需要安装的仪器两台，每台价格500 000元。安装过程中，发生安装费用100 000元，以财政授权支付方式支付。完工后交付，验收合格并投入使用。应做如下会计处理：

购入仪器时：

借：在建工程　　1 000 000

　　贷：资产基金——在建工程　　1 000 000

借：经费支出　　1 000 000

　　贷：零余额账户用款额度　　1 000 000

发生安装费用时：

借：在建工程　　100 000

　　贷：资产基金——在建工程　　100 000

借：经费支出　　100 000

　　贷：零余额账户用款额度　　100 000

完工交付使用时：

借：固定资产　　1 100 000

　　贷：资产基金——固定资产　　1 100 000

借：资产基金——在建工程　　1 100 000

　　贷：在建工程　　1 100 000

（三）信息系统建设

1. 发生建设支出。

发生各项建设支出时，按照实际支付的金额，借记“在建工程”科目，贷记“资产基金——在建工程”科目；同时，借记“经费支出”科目，贷记“财政拨款收入”、“零余额账户用款额度”、“银行存款”等科目。

2. 交付使用。

信息系统建设完成交付使用时，按照交付使用信息系统的实际成本，借记“资产基金——在建工程”科目，贷记“在建工程”科目；同时，借记“固定资产”、“无形资产”科目，贷记“资产基金——固定资产、无形资产”科目。

【例2-46】某行政单位以财政授权支付方式购入需要安装的服务器一台，价格1 000 000元。安装过程中，发生安装费用200 000元，以财政授权支付方式支付。完工后交付，验收合格并投入使用。应做如下会计处理：

购入服务器时：

借：在建工程　　1 000 000

　　贷：资产基金——在建工程　　1 000 000

借：经费支出　　1 000 000

贷：零余额账户用款额度 1 000 000

发生安装费用时：

借：在建工程 200 000

贷：资产基金——在建工程 200 000

借：经费支出 200 000

贷：零余额账户用款额度 200 000

完工交付使用时：

借：固定资产 1 200 000

贷：资产基金——固定资产 1 200 000

借：资产基金——在建工程 1 200 000

贷：在建工程 1 200 000

（四）在建工程的损毁

损毁的在建工程成本，应当转入“待处理财产损溢”科目进行处理。转入待处理财产损溢时，借记“待处理财产损溢”科目，贷记“在建工程”科目。

第十节 无形资产

一、无形资产的定义与确认

无形资产是指不具有实物形态而能够为使用者提供某种权利的非货币性资产，包括著作权、土地使用权、专利权、非专利技术等。行政单位购入的不构成相关硬件不可缺少组成部分的软件，应当作为无形资产核算。

无形资产应当在完成对其权属的规定登记或其他证明单位取得无形资产时确认。

二、无形资产科目的设置

行政单位应当设置“无形资产”科目，对行政单位不具有实物形态而能够为使用者提供某种权利的非货币性资产进行核算。本科目应当按照无形资产的类别、项目等进行明细核算。

“无形资产”科目借方反映当期行政单位无形资产的增加；贷方反映当期行政单位无形资产的减少；本科目期末借方余额，反映行政单位无形资产的原价。

三、无形资产的会计核算

（一）无形资产的取得

取得无形资产时，应当按照其实际成本入账。

1. 外购无形资产。

外购的无形资产，其成本包括实际支付的购买价款、相关税费以及可归属于该项资产达到预定用途所发生的其他支出。

（1）购入的无形资产，按照确定的成本，借记“无形资产”科目，贷记“资产基金——无形资产”科目；同时，按照实际支付的金额，借记“经费支出”科目，贷记“财政拨款收入”、“零余额账户用款额度”、“银行存款”等科目。

（2）购入无形资产尚未付款的，取得无形资产时，按照确定的成本，借记“无形资产”科目，贷记“资产基金——无形资产”科目；同时，按照应付未付的款项金额，借记“待偿债净资产”科目，贷记“应付账款”科目。

【例2-47】某行政单位取得一项专利，使用财政授权支付方式支付价款200 000元，应做如下会计处理：

	借方	贷方
借：无形资产	200 000	
贷：资产基金——无形资产		200 000
借：经费支出	200 000	
贷：零余额账户用款额度		200 000

2. 委托软件公司开发软件。

委托软件公司开发软件，视同外购无形资产进行处理。

（1）软件开发前按照合同约定预付开发费用时，借记“预付账款”科目，贷记“资产基金——预付款项”科目；同时，借记“经费支出”科目，贷记“财政拨款收入”、“零余额账户用款额度”、“银行存款”等科目。

（2）软件开发完成交付使用，并支付剩余或全部软件开发费用时，按照软件开发费用总额，借记“无形资产”科目，贷记“资产基金——无形资产”科目；按照实际支付的金额，借记“经费支出”科目，贷记“财政拨款收入”、“零余额账户用款额度”、“银行存款”等科目；按照冲销的预付开发费用，借记“资产基金——预付款项”科目，贷记“预付账款”科目。

【例2-48】某行政单位与软件公司合作，委托其开发软件，价款500 000元。根据合同，该行政单位先预付40%的开发费用，剩余费用完工交付后支付。所有款项使用财政授权支付方式支付。应做如下会计处理：

预付开发费用时：

	借方	贷方
借：预付账款	200 000	

贷：资产基金——预付账款　　200 000

借：经费支出　　200 000

贷：零余额账户用款额度　　200 000

完工交付时：

借：无形资产　　500 000

贷：资产基金——无形资产　　500 000

借：经费支出　　300 000

贷：零余额账户用款额度　　300 000

借：资产基金——预付账款　　200 000

贷：预付账款　　200 000

3. 自行开发无形资产。

（1）自行开发并按法律程序申请取得的无形资产，按照依法取得时发生的注册费、聘请律师费等费用确定成本。取得无形资产时，按照确定的成本，借记“无形资产”科目，贷记“资产基金——无形资产”科目；同时，按照实际支付的金额，借记“经费支出”科目，贷记“财政拨款收入”、“零余额账户用款额度”、“银行存款”等科目。

（2）依法取得前所发生的研究开发支出，应当于发生时直接计入当期支出，但不计入无形资产的成本。借记“经费支出”科目，贷记“财政拨款收入”、“零余额账户用款额度”、“财政应返还额度”、“银行存款”等科目。

【例 2－49】 某行政单位自行开发一项技术，并申请专利，按法律程序申请专利时发生的注册费、聘请律师费等共计 100 000 元。在取得专利之前共发生研发费用 200 000 元。所有款项均使用财政授权支付方式进行支付。应做如下会计处理：

取得专利前发生研发费用时；

借：经费支出　　200 000

贷：零余额账户用款额度　　200 000

依法取得专利时：

借：无形资产　　100 000

贷：资产基金——无形资产　　100 000

借：经费支出　　100 000

贷：零余额账户用款额度　　100 000

4. 置换取得无形资产。

置换取得的无形资产，其成本按照换出资产的评估价值加上支付的补价或减去收到的补价，加上为换入无形资产支付的其他费用（登记费等）确定。

置换取得的无形资产，按照确定的成本，借记“无形资产”科目，贷记“资产基金——无形资产”科目；按照实际支付的补价、相关税费等，借记“经费支出”科目，贷记“财政拨款收入”、“零余额账户用款额度”、“银行存款”等科目。

5. 接受捐赠、无偿调入无形资产。

接受捐赠、无偿调入的无形资产，其成本按照有关凭据注明的金额加上相关税费确定；没有相关凭据可供取得，但依法经过资产评估的，其成本应当按照评估价值加上相关税费确定；没有相关凭据可供取得，也未经评估的，其成本比照同类或类似资产的市场价格加上相关税费确定；没有相关凭据也未经评估，其同类或类似无形资产的市场价格无法可靠取得，所取得的无形资产应当按照名义金额入账。

接受捐赠、无偿调入无形资产时，按照确定的无形资产成本，借记“无形资产”科目，贷记“资产基金——无形资产”科目；按照发生的相关税费，借记“经费支出”科目，贷记“零余额账户用款额度”、“银行存款”等科目。

（二）无形资产摊销的核算

1. 无形资产摊销的定义与内容。

无形资产摊销是指在无形资产使用寿命内，按照确定的方法对应摊销金额进行系统分摊。行政单位应当对无形资产进行摊销，以名义金额计量的无形资产除外。

2. 累计摊销科目的设置

行政单位应当设置“累计摊销”科目，对行政单位无形资产计提的累计摊销进行核算。本科目应当按照无形资产的类别、项目等进行明细核算。“累计摊销”科目借方反映当期行政单位累计摊销的减少；贷方反映当期行政单位累计摊销的增加；本科目期末贷方余额，反映行政单位计提的无形资产摊销累计数。

3. 确定无形资产摊销年限的原则。

行政单位应当按照以下原则确定无形资产的摊销年限：

（1）法律规定了有效年限的，按照法律规定的有效年限作为摊销年限；

（2）法律没有规定有效年限的，按照相关合同或单位申请书中的受益年限作为摊销年限；

（3）法律没有规定有效年限、相关合同或单位申请书也没有规定受益年限的，按照不少于10年的期限摊销；

（4）非大批量购入、单价小于1000元的无形资产，可以于购买的当期，一次将成本全部摊销。

4. 其他计提摊销的说明。

（1）行政单位应当采用年限平均法计提无形资产摊销。

（2）行政单位无形资产的应摊销金额为其成本。

（3）行政单位应当自无形资产取得当月起，按月计提摊销；无形资产减少的当月，不再计提摊销。

（4）无形资产提足摊销后，无论能否继续带来服务潜力或经济利益，均不再计提摊销；核销的无形资产，如果未提足摊销，也不再补提摊销。

（5）因发生后续支出而增加无形资产成本的，应当按照重新确定的无形资产成本，重新计算摊销额。

5. 累计摊销的会计核算。

（1）按月计提无形资产摊销时，按照应计提摊销金额，借记“资产基金——无形资产”科目，贷记“累计摊销”科目。

（2）无形资产处置时，按照所处置无形资产的账面价值，借记“待处理财产损溢”科目（出售、置换换出、核销）或“资产基金——无形资产”科目（无偿调出、对外捐赠），按照已计提摊销，借记“累计摊销”科目，按照无形资产的账面余额，贷记“无形资产”科目。

【例2-50】3月9日，某行政单位购入一项专利，总价款360 000元，按规定摊销年限为10年，应做如下会计处理：

3月31日，当月购入的无形资产不计提摊销

4月30日，计提专利权摊销：

专利权月摊销额＝360 000÷10÷12＝3 000（元）

借：资产基金——无形资产　　3 000

　　贷：累计摊销　　3 000

（三）无形资产的后续支出

1. 资本化的后续支出。

为增加无形资产使用效能而发生的后续支出，如对软件进行升级改造或扩展其功能等所发生的支出，应当计入无形资产的成本，借记“无形资产”科目，贷记“资产基金——无形资产”科目；同时，借记“经费支出”科目，贷记“财政拨款收入”、“零余额账户用款额度”、“银行存款”等科目。

2. 费用化的后续支出。

为维护无形资产的正常使用而发生的后续支出，如对软件进行的漏洞修补、技术维护等所发生的支出，应当计入当期支出但不计入无形资产的成本，借记“经费支出”科目，贷记“财政拨款收入”、“零余额账户用款额度”、“银行存款”等科目。

（四）无形资产的处置

1. 置换换出无形资产。

报经批准出售、置换换出无形资产转入待处理财产损溢时，按照待出售、置换换出无形资产的账面价值，借记“待处理财产损溢”科目，按照已计提摊销，借记“累计摊销”科目，按照无形资产的账面余额，贷记“无形资产”科目。

【例2-51】某行政单位经批准将一项专利权出售，该项专利权原价500 000元，已计提摊销300 000元，售价250 000元，应做如下会计处理：

专利权转入待处理财产损溢时：

借：待处理财产损溢　200 000

　　累计摊销　300 000

　　贷：无形资产　500 000

借：资产基金——无形资产　200 000

　　贷：待处理财产损溢　200 000

实现专利权销售时：

借：银行存款　250 000

　　贷：应缴财政款　250 000

2. 无偿调出、对外捐赠无形资产。

报经批准无偿调出、对外捐赠无形资产，按照无偿调出、对外捐赠无形资产的账面价值，借记“资产基金——无形资产”科目，按照已计提摊销，借记“累计摊销”科目，按照无形资产的账面余额，贷记“无形资产”科目。无偿调出、对外捐赠无形资产发生由行政单位承担的相关费用支出等，按照实际支付的金额，借记“经费支出”科目，贷记“财政拨款收入”、“零余额账户用款额度”、“银行存款”等科目。

3. 无形资产的核销。

无形资产预期不能为行政单位带来服务潜力或经济利益的，应当按规定报经批准后将无形资产的账面价值予以核销。

待核销的无形资产转入待处理财产损溢时，按照待核销无形资产的账面价值，借记“待处理财产损溢”科目，按照已计提摊销，借记“累计摊销”科目，按照无形资产的账面余额，贷记“无形资产”科目。

【例2－52】某行政单位将一批不再能为行政单位带来经济利益的著作权予以核销，该批著作权原价100 000元，已计提摊销85 000元，应做如下会计处理：

借：待处理财产损溢　15 000

　　累计摊销　85 000

　　贷：无形资产　100 000

借：资产基金——无形资产　15 000

　　贷：待处理财产损溢　15 000

第十一节　其他资产

一、待处理财产损溢

（一）待处理财产损溢的定义与内容

待处理财产损溢是指行政单位处理资产而发生的资产盘盈、盘亏和损毁的价值。行政单位财产的处理包括资产的出售、报废、损毁、盘盈、盘亏，以及货币性资产损失核销等。

（二）待处理财产损溢科目的设置

行政单位应当设置"待处理财产损溢"科目，对行政单位待处理财产的价值及财产处理损溢进行核算。本科目应当按照待处理财产项目进行明细核算；对于在财产处理过程中取得收入或发生相关费用的项目，还应当设置"待处理财产价值"、"处理净收入"明细科目，进行明细核算。行政单位财产的处理，一般应当先记入本科目，按照规定报经批准后及时进行相应的账务处理。年终结账前一般应处理完毕。

"待处理财产损溢"科目期末如为借方余额，反映尚未处理完毕的各种财产的价值及净损失；期末如为贷方余额，反映尚未处理完毕的各种财产净溢余。年度终了，报经批准处理后，本科目一般应无余额。

（三）待处理财产损溢的会计核算

1. 按照规定报经批准处理无法查明原因的现金短缺或溢余。

（1）属于无法查明原因的现金短缺，报经批准核销的，借记"经费支出"科目，贷记"待处理财产损溢"科目。

（2）属于无法查明原因的现金溢余，报经批准后，借记"待处理财产损溢"科目，贷记"其他收入"科目。

【例2－53】某行政单位出纳人员在当日结账时发现现金短缺2 000元，由于无法查清短款原因，报经批准后，由责任人王刚赔偿500元（已赔偿），其余短款计入当期费用。应做如下会计处理：

发现现金短缺时：

借：待处理财产损溢　　2 000

　　贷：库存现金　　2 000

报经批准后：

借：库存现金　　500

经费支出　　1 500

贷：待处理财产损溢　　2 000

2. 按照规定报经批准核销无法收回的应收账款、其他应收款。

（1）转入待处理财产损溢时，借记“待处理财产损溢”科目，贷记“应收账款”、“其他应收款”科目。

（2）报经批准对无法收回的其他应收款予以核销时，借记“经费支出”科目，贷记“待处理财产损溢”科目；对无法收回的应收账款予以核销时，借记“其他应付款”等科目，贷记“待处理财产损溢”科目。

【例2－54】某行政单位有一笔2009年12月到期的Z公司的应收账款100 000元，有确凿证据表明截至2014年2月28日仍无法收回，按规定报经批准后予以核销。应做如下会计处理：

转入待处理财产损溢时：

借：待处理财产损溢　　100 000

贷：应收账款——Z公司　　100 000

报经批准予以核销时：

借：经费支出　　100 000

贷：待处理财产损溢　　100 000

3. 按照规定报经批准核销预付账款、无形资产。

（1）转入待处理财产损溢时，借记“待处理财产损溢”科目（核销无形资产的，还应借记“累计摊销”科目），贷记“预付账款”、“无形资产”科目。

（2）报经批准予以核销时，借记“资产基金——预付款项、无形资产”科目，贷记“待处理财产损溢”科目。

【例2－55】某行政单位报经批准核销一笔无法收回的预付账款150 000元，应做如下会计处理：

转入待处理财产损溢时：

借：待处理财产损溢　　150 000

贷：预付账款——A公司　　150 000

报经批准予以核销时：

借：资产基金——预付账款　　150 000

贷：待处理财产损溢　　150 000

4. 出售、置换换出存货、固定资产、无形资产、政府储备物资等。

（1）转入待处理财产损溢时，借记“待处理财产损溢——待处理财产价值”科目（出售、置换换出固定资产的，还应当借记“累计折旧”科目；出售、置换换出无形资产的，还应当借记“累计摊销”科目），贷记“存货”、“固定资产”、“无形资产”、“政府储备物资”等科目。

（2）实现出售、置换换出时，借记“资产基金”及相关明细科目，贷记“待处理财产损溢——待处理财产价值”科目。

（3）出售、置换换出资产过程中收到价款、补价等收入，借记“库存现金”、“银行存款”等科目，贷记“待处理财产损溢——处理净收入”科目。

（4）出售、置换换出资产过程中发生相关费用，借记“待处理财产损溢——处理净收入”科目，贷记“库存现金”、“银行存款”、“应缴税费”等科目。

（5）出售、置换换出完毕并收回相关的应收账款后，按照处置收入扣除相关税费后的净收入，借记“待处理财产损溢——处理净收入”科目，贷记“应缴财政款”。如果处置收入小于相关税费的，按照相关税费减去处置收入后的净支出，借记“经费支出”科目，贷记“待处理财产损溢——处理净收入”科目。

【例2－56】某行政单位办公车辆由于司机责任事故报废，该车原价500 000元，已计提折旧100 000元，报废车辆销售取得价款5 000元存入银行，需缴纳营业税250元，保险公司赔付100 000元，司机赵一赔付50 000元，应做如下会计处理：

车辆报废时：

科目	借方	贷方
借：待处理财产损溢——待处理财产价值	400 000	
累计折旧	100 000	
贷：固定资产		500 000
借：资产基金——固定资产	400 000	
贷：待处理财产损溢——待处理财产价值		400 000

取得报废汽车收入时：

科目	借方	贷方
借：银行存款	5 000	
贷：待处理财产损溢——处理净收入		5 000

计算需缴纳税费时：

科目	借方	贷方
借：待处理财产损溢——处理净收入	250	
贷：应缴税费——营业税		250

计算保险公司和个人赔付款项时：

科目	借方	贷方
借：其他应收款——保险公司	100 000	
——赵一	50 000	
贷：待处理财产损溢——处理净收入		150 000

缴纳税费时：

科目	借方	贷方
借：应缴税费——营业税	250	
贷：银行存款		250

收到赔付款项时：

借：银行存款 150 000

贷：其他应收款——保险公司 100 000

——赵一 50 000

车辆清理完成时：

借：待处理财产损溢——处理净收入 19 750

贷：应缴财政款 19 750

5. 盘亏、损毁、报废各种实物资产。

（1）转入待处理财产损溢时，借记“待处理财产损溢——待处理财产价值”科目（处置固定资产、公共基础设施的，还应当借记“累计折旧”科目），贷记“存货”、“固定资产”、“在建工程”、“政府储备物资”、“公共基础设施”等科目。

（2）报经批准予以核销时，借记“资产基金”及相关明细科目，贷记“待处理财产损溢——待处理财产价值”科目。

（3）损毁、报废各种实物资产过程中取得的残值变价收入、发生相关费用，以及取得的残值变价收入扣除相关费用后的净收入或净支出的账务处理，比照本科目有关出售资产进行处理。

【例2－57】某行政单位丢失一批材料，材料原价60 000元，报经批准后予以核销，应做如下会计处理：

发现盘亏时：

借：待处理财产损溢——待处理财产价值 60 000

贷：存货 60 000

报经批准予以核销时：

借：资产基金——存货 60 000

贷：待处理财产损溢——待处理财产价值 60 000

6. 核销不能形成资产的在建工程成本。

转入待处理财产损溢时，借记“待处理财产损溢”科目，贷记“在建工程”科目。报经批准予以核销时，借记“资产基金——在建工程”科目，贷记“待处理财产损溢”科目。

【例2－58】某行政单位报经批准核销一项不能形成资产的在建工程，账面价值为90 000元，应做如下会计处理：

转入待处理财产损溢时：

借：待处理财产损溢——待处理财产价值 90 000

贷：在建工程 90 000

报经批准予以核销时：

借：资产基金——在建工程 90 000

贷：待处理财产损溢——待处理财产价值　90 000

7. 盘盈存货、固定资产、政府储备物资等实物资产。

转入待处理财产损溢时，借记“存货”、“固定资产”、“政府储备物资”等科目，贷记“待处理财产损溢”科目。报经批准予以处理时，借记“待处理财产损溢”科目，贷记“资产基金”及相关明细科目。

二、政府储备物资

（一）政府储备物资的定义与确认

政府储备物资是指行政单位直接储存管理的各项政府应急或救灾储备物资等。

政府储备物资应当在其到达存放地点并验收时确认。

（二）政府储备物资科目的设置

行政单位应当设置“政府储备物资”科目。对行政单位直接储存管理的各项政府应急或救灾储备物资等进行核算。本科目应当按照政府储备物资的种类、品种、存放地点等进行明细核算。负责采购并拥有储备物资调拨权力的行政单位（简称“采购单位”）将政府储备物资交由其他行政单位（简称“代储单位”）代为储存的，由采购单位通过本科目核算政府储备物资，代储单位将受托代储的政府储备物资作为受托代理资产核算。

“政府储备物资”科目借方反映当期行政单位政府储备物资的增加；贷方反映当期行政单位政府储备物资的减少；本科目期末借方余额，反映行政单位管理的政府储备物资的实际成本。

（三）政府储备物资的会计核算

1. 政府储备物资的取得。

取得政府储备物资时，应当按照其成本入账。

（1）购入的政府储备物资，其成本包括购买价款、相关税费、运输费、装卸费、保险费以及其他使政府储备物资达到目前场所和状态所发生的支出；单位支付的政府储备物资保管费、仓库租赁费等日常储备费用，不计入政府储备物资的成本。

购入的政府储备物资验收入库，按照确定的成本，借记“政府储备物资”科目，贷记“资产基金——政府储备物资”科目；同时，按实际支付的金额，借记“经费支出”科目，贷记“财政拨款收入”、“零余额账户用款额度”、“银行存款”等科目。

【例 2－59】 某行政单位购入一批抗震救灾政府储备物资，价款 5 000 000 元，相关税费 850 000 元，运费保险费共计 20 000 元，使用财政授权支付方式进行结算，购入的政府储备物资验收入库。应做如下会计处理：

借：政府储备物资　5 870 000

　　贷：资产基金——政府储备物资　5 870 000

借：经费支出　5 870 000

贷：零余额账户用款额度 5 870 000

（2）接受捐赠、无偿调入的政府储备物资，其成本按照有关凭据注明的金额加上相关税费、运输费等确定；没有相关凭据可供取得，但依法经过资产评估的，其成本应当按照评估价值加上相关税费、运输费等确定；没有相关凭据可供取得、也未经评估的，其成本比照同类或类似政府储备物资的市场价格加上相关税费、运输费等确定。

接受捐赠、无偿调入的政府储备物资验收入库，按照确定的成本，借记“政府储备物资”科目，贷记“资产基金——政府储备物资”科目，由行政单位承担运输费用等的，按实际支付的相关税费、运输费等金额，借记“经费支出”科目，贷记“财政拨款收入”、“零余额账户用款额度”、“银行存款”等科目。

【例2-60】某行政单位接受一批抗震救灾政府储备物资的捐赠，价款2 000 000元，支付运输费用5 000元，物资验收入库。应做如下会计处理：

借：政府储备物资 2 005 000

贷：资产基金——政府储备物资 2 005 000

借：经费支出 5 000

贷：银行存款 5 000

2. 政府储备物资的发出。

政府储备物资发出时，应当根据实际情况采用先进先出法、加权平均法或者个别计价法确定发出政府储备物资的实际成本。计价方法一经确定，不得随意变更。

（1）经批准对外捐赠、无偿调出政府储备物资时，按照对外捐赠、无偿调出政府储备物资的实际成本，借记“资产基金——政府储备物资”科目，贷记“政府储备物资”科目。对外捐赠、无偿调出政府储备物资发生由行政单位承担的运输费等支出时，借记“经费支出”科目，贷记“财政拨款收入”、“零余额账户用款额度”、“银行存款”等科目。

（2）行政单位报经批准将不需储备的物资出售时，应当转入待处理财产损溢，按照相关储备物资的账面余额，借记“待处理财产损溢”科目，贷记“政府储备物资”科目。

【例2-61】沿用【例2-60】该行政单位经批准将这批政府储备物资向灾区捐赠，运输费用20 000元，应做如下会计处理：

借：资产基金——政府储备物资 2 005 000

贷：政府储备物资 2 005 000

借：经费支出 20 000

贷：银行存款 20 000

3. 政府储备物资的清查。

行政单位管理的政府储备物资应当定期进行清查盘点，每年至少盘点一次。对于发生的政府储备物资盘盈、盘亏或者报废、损毁，应当及时查明原因，按规定报经批准后进行账务处理。

（1）盘盈的政府储备物资，按照取得同类或类似政府储备物资的实际成本确定入账价值；没有同类或类似政府储备物资的实际成本，按照同类或类似政府储备物资的市场价格确定入账价值。盘盈的政府储备物资，按照确定的入账价值，借记“政府储备物资”科目，贷记“待处理财产损溢”科目。

（2）盘亏或者报废、损毁的政府储备物资，转入待处理财产损溢时，按照其账面余额，借记“待处理财产损溢”科目，贷记“待处理财产损溢”科目。

【例2－62】沿用【例2－60】该批政府储备物资由于洪灾损毁，报经批准予以核销，应做如下会计处理：

转入待处理财产损溢时：

借：待处理财产损溢——待处理财产价值　　2 005 000

　　贷：政府储备物资　　2 005 000

报经批准核销时：

借：资产基金——政府储备物资　　2 005 000

　　贷：待处理财产损溢——待处理财产价值　　2 005 000

三、公共基础设施

（一）公共基础设施的定义与确认

公共基础设施是指行政单位占有并直接负责维护管理、供社会公众使用的工程性公共基础设施资产，包括城市交通设施、公共照明设施、环保设施、防灾设施、健身设施、广场及公共构筑物等其他公共设施。

公共基础设施应当在对其取得占有权利时确认。

（二）公共基础设施科目的设置

行政单位应当设置“公共基础设施”科目，对行政单位占有并直接负责维护管理、供社会公众使用的工程性公共基础设施资产进行核算。本科目应当按照公共基础设施的类别和项目进行明细核算。与公共基础设施配套使用的修理设备、工具器具、车辆等动产，作为管理公共基础设施的行政单位的固定资产核算，不通过本科目核算。与公共基础设施配套、供行政单位在公共基础设施管理中自行使用的房屋构筑物等，能够与公共基础设施分开核算的，作为行政单位的固定资产核算，不通过本科目核算。

行政单位应当结合本单位的具体情况，制定适合于本单位管理的公共基础设施目录、分类方法，作为进行公共基础设施核算的依据。

“公共基础设施”科目借方反映当期行政单位公共基础设施的增加；贷方反映当期行政单位公共基础设施的减少；本科目期末借方余额，反映行政单位管理的公共基础设施的实际成本。

（三）公共基础设施的会计核算

1. 公共基础设施的取得。

公共基础设施在取得时，应当按照其成本入账。

（1）行政单位自行建设的公共基础设施，其成本包括建造该公共基础设施至交付使用前所发生的全部必要支出。公共基础设施的各组成部分需要分别核算的，按照各组成部分公共基础设施造价确定其成本；没有各组成部分公共基础设施造价的，按照各组成部分公共基础设施同类或类似市场造价的比例对总造价进行分配，确定各组成部分公共基础设施的成本。

公共基础设施建设完工交付使用时，按照确定的成本，借记“公共基础设施”科目，贷记“资产基金——公共基础设施”科目；同时，借记“资产基金——在建工程”科目，贷记“在建工程”科目。已交付使用但尚未办理竣工决算手续的公共基础设施，按照估计价值入账，待确定实际成本后再进行调整。

（2）接受其他单位移交的公共基础设施，其成本按照公共基础设施的原账面价值确认，借记“公共基础设施”科目，贷记“资产基金——公共基础设施”科目。

【例2－63】 某行政单位根据市政规划自行建造市民广场，该项公共基础设施至交付使用前所完成的全部必要支出为3 000 000元，应做如下会计处理：

交付使用时：

借：公共基础设施　　3 000 000

　　贷：资产基金——公共基础设施　　3 000 000

借：资产基金——在建工程　　3 000 000

　　贷：在建工程　　3 000 000

2. 公共基础设施的后续支出

与公共基础设施有关的后续支出，分以下情况处理：

（1）为增加公共基础设施使用效能或延长其使用寿命而发生的改建、扩建或大型修缮等后续支出，应当计入公共基础设施成本，通过“在建工程”科目核算，完工交付使用时转入“公共基础设施”科目。

（2）为维护公共基础设施的正常使用而发生的日常修理等后续支出，应当计入当期支出，借记有关支出科目，贷记“财政拨款收入”、“零余额账户用款额度”、“银行存款”等科目。

【例2－64】 某行政单位管理的市民广场为正常使用进行了日常维护，发生日常维护支出共100 000元，使用财政授权支付方式进行支付，应做如下会计处理：

借：经费支出　　100 000

　　贷：零余额账户用款额度　　100 000

3. 公共基础设施的处置。

行政单位管理的公共基础设施向其他单位移交、损毁、报废时，应当按照规定报经批准后进行账务处理。

（1）经批准向其他单位移交公共基础设施时，按照移交公共基础设施的账面价值，借记“资产基金——公共基础设施”科目，按照已计提折旧，借记“累计折旧”科目，按照公共基础设施的账面余额，贷记“公共基础设施”科目。

（2）报废、损毁的公共基础设施，转入待处理财产损溢时，按照待处理公共基础设施的账面价值，借记“待处理财产损溢”科目，按照已计提折旧，借记“累计折旧”科目，按照公共基础设施的账面余额，贷记“公共基础设施”科目。

【例2－65】某行政单位管理的市民广场因洪灾遭到损毁，其原价为3 000 000元，已计提折旧1 000 000元，应做如下会计处理：

借：待处理财产损溢——待处理财产价值	2 000 000	
累计折旧	1 000 000	
贷：公共基础设施		3 000 000

四、受托代理资产

（一）受托代理资产的定义与确认

受托代理资产是指行政单位接受委托方委托管理的各项资产，包括受托指定转赠的物资、受托储存管理的物资等。

受托代理资产应当在行政单位收到受托代理的资产时确认。

（二）受托代理资产科目的设置

行政单位应当设置“受托代理资产”科目，对行政单位接受委托方委托管理的各项资产进行核算。本科目应当按照资产的种类和委托人进行明细核算；属于转赠资产的，还应当按照受赠人进行明细核算。行政单位收到受托代理资产为现金和银行存款的，不通过本科目核算，应当通过“库存现金”、“银行存款”科目进行核算。

“受托代理资产”科目借方反映当期行政单位受托代理资产的增加；贷方反映当期行政单位受托代理资产的减少；本科目期末借方余额，反映单位受托代理资产中实物资产的价值。

（三）受托代理资产的会计核算

1. 受托转赠物资。

（1）接受委托人委托需要转赠给受赠人的物资，其成本按照有关凭据注明的金额确定；没有相关凭据可供取得的，其成本比照同类或类似物资的市场价格确定。

接受委托转赠的物资验收入库，按照确定的成本，借记“受托代理资产”科目，贷记“受托代理负债”科目；受托协议约定由行政单位承担相关税费、运输费等的，还应当按照实际支付的相关税费、运输费等金额，借记“经费支出”科目，贷记“银行存款”等科目。

（2）将受托转赠物资交付受赠人时，按照转赠物资的成本，借记“受托代理负债”科目，贷记“受托代理资产”科目。

（3）转赠物资的委托人取消了对捐赠物资的转赠要求，且不再收回捐赠物资的，应当将转赠物资转为存货或固定资产，按照转赠物资的成本，借记“受托代理负债”科目，贷记“受托代理资产”科目；同时，借记“存货”、“固定资产”科目，贷记“资产基金——存货、固定资产”科目。

【例2-66】6月3日，某行政单位接受E公司受托转赠物资一批验收入库，该批物资的实际成本为360 000元，该行政单位使用银行存款支付运费5 000元。7月5日，E公司取消了对捐赠物资的转增要求。应做如下会计处理：

6月3日，接受受托转增物资时：

借：受托代理资产　　360 000

　　贷：受托代理负债　　360 000

借：经费支出　　5 000

　　贷：银行存款　　5 000

7月5日，取消转增要求时：

借：存货　　360 000

　　贷：资产基金——存货　　360 000

2. 受托储存管理物资。

（1）接受委托人委托储存管理的物资，其成本按照有关凭据注明的金额确定。接受委托储存的物资验收入库，按照确定的成本，借记“受托代理资产”科目，贷记“受托代理负债”科目。

（2）支付由受托单位承担的与受托储存管理的物资相关的运输费、保管费等费用时，按照实际支付的金额，借记“经费支出”科目，贷记“银行存款”等科目。

（3）根据委托人要求交付受托储存管理的物资时，按照储存管理物资的成本，借记“受托代理负债”科目，贷记“受托代理资产”科目。

【例2-67】7月7日，某行政单位接受F公司委托储存物资一批，实际成本为480 000元，该行政单位用银行存款支付运费6 000元，并将物资验收入库。7月16日，该行政单位根据委托将受托储存物资交付。应做如下会计处理：

7月7日，接受受托储存物资时：

借：受托代理资产　　480 000

　　贷：受托代理负债　　480 000

借：经费支出　　6 000

　　贷：银行存款　6 000

7 月 16 日，根据委托将受托储存物资交付时：

借：受托代理负债　480 000

　　贷：受托代理资产　480 000

第十二节　新旧制度资产核算的变化

一、新旧制度资产核算会计科目的变化

（一）新旧制度资产核算会计科目的对比

新旧行政单位会计制度资产核算会计科目对比见表 2－2。

表 2－2　新旧行政单位会计制度会计科目对照表

<table>
<tr><th colspan="2">新行政单位会计制度会计科目
（资产类）</th><th colspan="2">旧行政单位会计制度会计科目及
补充规定会计科目（资产类）</th></tr>
<tr><th>科目编号</th><th>会计科目名称</th><th>科目编号</th><th>会计科目名称</th></tr>
<tr><td>1001</td><td>库存现金</td><td>101</td><td>现金</td></tr>
<tr><td>1002</td><td>银行存款</td><td>102</td><td>银行存款</td></tr>
<tr><td>1011</td><td>零余额账户用款额度</td><td>107</td><td>零余额账户用款额度</td></tr>
<tr><td>1021
102101
102102</td><td>财政应返还额度
　财政直接支付
　财政授权支付</td><td>115</td><td>财政应返还额度
　财政直接支付
　财政授权支付</td></tr>
<tr><td>1212</td><td>应收账款</td><td rowspan="2">104</td><td rowspan="2">暂付款</td></tr>
<tr><td>1213</td><td>预付账款</td></tr>
<tr><td rowspan="2">1215</td><td rowspan="2">其他应收款</td><td>104</td><td>暂付款</td></tr>
<tr><td>103</td><td>有价证券</td></tr>
<tr><td>1301</td><td>存货</td><td>105</td><td>库存材料</td></tr>
<tr><td>1501</td><td>固定资产</td><td>106</td><td>固定资产</td></tr>
<tr><td>1502</td><td>累计折旧</td><td></td><td></td></tr>
<tr><td>1511</td><td>在建工程</td><td></td><td></td></tr>
<tr><td>1601</td><td>无形资产</td><td>106</td><td>固定资产</td></tr>
</table>

续表

新行政单位会计制度会计科目（资产类）		旧行政单位会计制度会计科目及补充规定会计科目（资产类）	
科目编号	会计科目名称	科目编号	会计科目名称
1602	累计摊销		
1701	待处理财产损溢		
1801	政府储备物资	105	库存材料
1802	公共基础设施	106	固定资产
1901	受托代理资产		

（二）新旧制度资产核算会计科目的调整

1. 基本无变化的会计科目。

“零余额账户用款额度”科目和“财政应返还额度”在新旧会计制度中核算的内容基本没有变化。

2. 核算内容变化的会计科目。

以下科目的核算内容发生了变化：

(1)“库存现金”科目：科目名称由“现金”更换为“库存现金”；增加有关受托代理现金业务的会计处理；增加现金溢余或短缺情况的会计处理。

(2)“银行存款”科目：细化有关外币业务的会计处理规定；增加受托代理银行存款业务的会计处理。

(3)“存货”科目：科目名称由“库存材料”更换为“存货”；将原“库存材料”中属于行政单位直接储存管理的各项政府应急或救灾储备物资等归入“政府储备物资”科目进行核算；增加了对置换换入存货、接受捐赠存货、委托加工存货、对外捐赠存货、对外出售存货、置换换出存货等业务的处理规定；对存货盘盈盘亏要求通过“待处理财产损溢”科目进行处理。

(4)“固定资产”科目：增加了计提折旧的会计处理规定；进一步明确了不同情形下取得的固定资产的计量标准；增加了自行繁育的动植物的会计处理规定；对固定资产盘盈盘亏要求通过“待处理财产损溢”科目进行处理；将属于行政单位不具有实物形态而能够为使用者提供某种权利的非货币性资产归入“无形资产”科目进行核算；将属于行政单位占有并直接负责维护管理、供社会公众使用的工程性公共基础设施资产归入“公共基础设施”科目进行核算。

3. 取消的会计科目。

以下科目在新行政单位会计制度中取消或被替代：

(1)“暂付款”科目：新制度按照原“暂付款”核算的内容分别归类于“应收账款”

科目、“预付账款”科目和“其他应收款”科目中，原“暂付款”科目取消。

（2）“有价证券”科目：划分至“其他应收款”科目进行会计核算。

（3）“库存材料”科目：新制度按照原“库存材料”核算的内容分别归类于“存货”科目和“政府储备物资”科目中，原“库存材料”科目取消。

4. 新增的会计科目。

以下科目属于新行政单位会计制度中新增的会计科目：

（1）“应收账款”科目：用于核算原“暂付款”科目中属于对行政单位出租资产、出售物资等应当收取的款项。

（2）“预付账款”科目：用于核算原“暂付款”科目中属于行政单位按照购货、服务合同规定预付给供应单位（或个人）的款项。

（3）“其他应收款”科目：用于核算原“暂付款”科目中属于行政单位除应收账款、预付账款以外的其他各项应收及暂付款项和原“有价证券”科目核算的内容。

（4）“累计折旧”科目：用于核算行政单位固定资产、公共基础设施计提的累计折旧。

（5）“在建工程”科目：用于核算行政单位已经发生必要支出，但尚未交付使用的建设工程。

（6）“无形资产”科目：用于核算原“固定资产”科目中属于行政单位不具有实物形态而能够为使用者提供某种权利的非货币性资产。

（7）“累计摊销”科目：用于核算行政单位无形资产计提的累计摊销。

（8）“待处理财产损溢”科目：用于核算行政单位待处理财产的价值及财产处理损溢。

（9）“政府储备物资”科目：用于核算原“库存材料”科目中属于行政单位直接储存管理的各项政府应急或救灾储备物资等。

（10）“公共基础设施”科目：用于核算原“固定资产”科目中属于行政单位占有并直接负责维护管理、供社会公众使用的工程性公共基础设施资产。

（11）“受托代理资产”科目：用于核算行政单位接受委托方委托管理的各项资产。

二、资产类会计科目新旧制度的衔接

（一）将原账科目余额转入新账

1. “现金”、“银行存款”、“零余额账户用款额度”、“财政应返还额度”科目。

新制度设置了“库存现金”、“银行存款”、“零余额账户用款额度”、“财政应返还额度”科目，其核算内容与原账中上述相应科目的核算内容基本相同。转账时，应将原账中上述科目的余额直接转入新账中相应科目。

2. “暂付款”科目。

新制度未设置“暂付款”科目，但设置了“应收账款”、“预付账款”和“其他应收款”科目。转账时，应对原账中“暂付款”科目的余额进行分析，将符合上述新科目的余额分别转入新账中对应科目。同时，按照转入“预付账款”科目的金额，将相应的“结余”科目余额转入新账中“资产基金——预付款项”科目。

3.“有价证券”科目。

新制度未设置“有价证券”科目，转账时，应将原账中“有价证券”科目余额转入新账中“其他应收款”科目。

4.“库存材料”科目。

新制度未设置“库存材料”科目，但设置了“存货”、“政府储备物资”科目。转账时，应对原账中“库存材料”科目的余额进行分析，将属于存货的余额转入“存货”科目，同时，按照转入“存货”科目的金额，将相应的“结余”科目余额转入新账中“资产基金——存货”科目；将属于政府储备物资的余额转入“政府储备物资”科目，同时，按照转入“政府储备物资”科目的金额，将相应的“结余”科目余额转入新账中“资产基金——政府储备物资”科目。

5.“固定资产”科目。

新制度设置了“固定资产”、“无形资产”、“公共基础设施”科目。转账时，应对原账中“固定资产”科目的余额进行分析：

（1）对于达不到新的固定资产确认标准的，应当将相应余额转入新账中“存货”科目，同时，将相应的“固定基金”科目余额转入新账中“资产基金——存货”科目；对于已领用出库的，还应当按照其成本，在新账中借记“资产基金——存货”科目，贷记“存货”科目，同时做好相关实物资产的登记管理工作。

（2）对于符合新的固定资产确认标准的，应当将相应余额转入新账中“固定资产”科目，同时，将相应的“固定基金”科目余额转入新账中“资产基金——固定资产”科目。

（3）对于原账“固定资产”科目余额中属于无形资产的，应当将相应余额转入新账中“无形资产”科目，同时，将相应的“固定基金”科目余额转入新账中“资产基金——无形资产”科目。

（4）对于原账“固定资产”科目余额中属于公共基础设施的，应当将相应余额转入新账中“公共基础设施”科目，同时，将相应的“固定基金”科目余额转入新账中“资产基金——公共基础设施”科目。

（二）将原未入账事项登记新账

1. 关于原未入账的无形资产。

行政单位在新旧制度转换时，应当将2013年12月31日前未入账的无形资产记入新账。登记新账时，按照确定的无形资产成本，借记“无形资产”科目，贷记“资产基金——无形资产”科目。

2. 关于原未入账的政府储备物资。

行政单位在新旧制度转换时，应当将2013年12月31日前未入账的政府储备物资记入新账。登记新账时，按照确定的政府储备物资成本，借记“政府储备物资”科目，贷记“资产基金——政府储备物资”科目。

3. 关于原未入账的公共基础设施。

行政单位在新旧制度转换时，应当将2013年12月31日前未入账的公共基础设施记入新账。登记新账时，按照确定的公共基础设施成本，借记“公共基础设施”科目，贷记“资产基金——公共基础设施”科目。

4. 关于原未入账的受托代理资产。

行政单位在新旧制度转换时，应当将2013年12月31日前未入账的受托代理资产记入新账。登记新账时，按照确定的受托代理资产成本，借记“受托代理资产”等科目，贷记“受托代理负债”科目。

（三）将行政单位基建账相关数据并入按照新制度规定设置的会计账

行政单位应当在按国家有关规定单独核算基本建设投资的同时，将基建账相关数据并入单位按照新制度规定设置的会计账（以下简称“大账”）。新制度设置了“在建工程”科目。行政单位应当在“在建工程”科目下设置“基建工程”明细科目，核算由基建账并入的在建工程成本。

1. 将2013年12月31日基建账中资产类科目余额按照以下方法并入“大账”。

（1）按照基建账中“现金”、“银行存款”、“零余额账户用款额度”、“财政应返还额度”科目借方余额，分别借记“大账”中“库存现金”、“银行存款”、“零余额账户用款额度”、“财政应返还额度”科目。

（2）按照基建账中“应收有偿调出器材及工程款”、“应收票据”科目借方余额，借记“大账”中“应收账款”科目。

（3）按照基建账中“其他应收款”、“拨付所属投资借款”、“有价证券”科目借方余额，借记“大账”中“其他应收款”科目。

（4）按照基建账中“固定资产”科目借方余额，借记“大账”中“固定资产”科目。

（5）按照基建账中“累计折旧”科目贷方余额，贷记“大账”中“累计折旧”科目。

（6）按照基建账中“建筑安装工程投资”、“设备投资”、“待摊投资”、“其他投资”、“器材采购”、“采购保管费”、“库存设备”、“库存材料”、“材料成本差异”、“委托加工器材”、“预付备料款”、“预付工程款”科目借方余额，借记“大账”中“在建工程——基建工程”科目。

（7）按照基建账中“固定资产清理”、“待处理财产损失”科目借方余额，借记“大账”中“待处理财产损溢”科目。

2. 行政单位执行新制度后，应当至少按月将基建账中资产类科目的发生额按照以下方法并入“大账”。

根据“大账”科目和基建账科目的对应关系（见表2－3），按照基建账中资产类科目本期发生额的借方净额，借记“大账”中的对应科目；按照基建账中资产类科目本期发生额的贷方净额，贷记“大账”中的对应科目。

表2－3 行政单位“大账”和基建账会计科目对照表

“大账”科目（资产类）		基建账科目（资产类）	
科目编号	会计科目名称	科目编号	会计科目名称
1001	库存现金	233	现金
1002	银行存款	232	银行存款
1011	零余额账户用款额度	234	零余额账户用款额度
1021	财政应返还额度	235	财政应返还额度
1212	应收账款	251	应收有偿调出器材及工程款
		253	应收票据
1215	其他应收款	252	其他应收款
		261	拨付所属投资借款
		281	有价证券
1501	固定资产	201	固定资产
1502	累计折旧	202	累计折旧
1511	在建工程	101	建筑安装工程投资
		102	设备投资
		103	待摊投资
		104	其他投资
		211	器材采购
		212	采购保管费
		213	库存设备
		214	库存材料
		218	材料成本差异
		219	委托加工器材
		241	预付备料款
		242	预付工程款
1701	待处理财产损溢	203	固定资产清理
		271	待处理财产损失

第三章　负债

第一节　负债概述

一、负债的定义与分类

（一）负债的定义

负债是指行政单位所承担的能以货币计量，需要以资产等偿还的债务。

（二）负债的分类

行政单位的负债按照流动性，分为流动负债和非流动负债。流动负债是指预计在1年内（含1年）偿还的负债。非流动负债是指流动负债以外的负债。

行政单位的流动负债包括应缴财政款、应缴税费、应付职工薪酬、应付及暂存款项、应付政府补贴款等。行政单位的非流动负债包括长期应付款、受托代理负债。

二、负债管理的规定

行政单位取得罚没收入、行政事业性收费、政府性基金、国有资产处置和出租出借收入等，应当按照国库集中收缴的有关规定及时足额上缴，不得隐瞒、滞留、截留、挪用和坐支。

除法律、行政法规另有规定外，行政单位不得举借债务，不得对外提供担保。

三、负债的确认、计量和列报

（一）负债的确认

行政单位对符合负债定义的债务，应当在确定承担偿债责任并且能够可靠地进行货币计量时确认。

（二）负债的计量

行政单位的负债，应当按照承担的相关合同金额或实际发生额进行计量。

（三）负债的列报

符合负债定义并确认的负债项目，应当列入资产负债表；行政单位承担或有责任

（偿债责任需要通过未来不确定事项的发生或不发生予以证实）的负债，不列入资产负债表，但应当在报表附注中披露。

四、负债类会计科目

行政单位会计核算适用的负债类会计科目如表 3－1 所示。

表 3－1 行政单位会计核算负债类会计科目

序号	科目编号	会计科目名称
1	2001	应缴财政款
2	2101	应缴税费
3	2201	应付职工薪酬
4	2301	应付账款
5	2302	应付政府补贴款
6	2305	其他应付款
7	2401	长期应付款
8	2901	受托代理负债

第二节 应缴财政款

一、应缴财政款的定义与确认

（一）应缴财政款的定义与内容

应缴财政款是指行政单位按照规定取得的应当上缴财政的款项，包括罚没收入、行政性收费、政府性基金、国有资产处置和出租收入等。

1. 罚没收入。

罚没收入是指行政单位依据国家法律、法规，对公民、法人和其他组织实施经济处罚所取得的各项罚款、没收款、没收财物变价款以及行政单位取得的无主财物变价款。

2. 行政性收费。

行政性收费是指行政单位在行使行政职能的过程中，依据国家法律、法规向公民、法人和其他组织收取的行政性费用。如各级公安、司法、工商行政管理等行政单位为发放各种证照等向有关单位和个人收取的证照工本费、手续费、企业登记注册费。

3. 政府性基金。

政府性基金是指行政单位依据有关的法律、法规向公民、法人和其他组织无偿征收的具有专门用途的财政资金。

4. 其他应缴财政的资金。

其他应缴财政的资金是指其他按规定应缴财政预算的资金，如国有资产处置和出租出借收入等。

（二）应缴财政款的确认

应缴财政款应当在收到应缴财政的款项时确认。

二、应缴财政款科目的设置

行政单位应当设置“应缴财政款”科目，对行政单位取得的按规定应当上缴财政的款项进行核算。本科目应当按照应缴财政款项的类别进行明细核算。行政单位按照国家税法等有关规定应当缴纳的各种税费，通过“应缴税费”科目核算，不在本科目核算。

“应缴财政款”科目借方反映当期行政单位应缴财政款的减少；贷方反映当期行政单位应缴财政款的增加；本科目贷方余额，反映行政单位应当上缴财政但尚未缴纳的款项。年终清缴后，本科目一般应无余额。

三、应缴财政款的会计核算

（一）应缴财政款的取得

取得按照规定应当上缴财政的款项时，借记“银行存款”等科目，贷记“应缴财政款”科目。

1. 罚没收入。

【例3－1】 某环境保护局对某企业因超标准排放污染物处以罚款100 000元，应做如下会计处理：

借：银行存款　100 000

　　贷：应缴财政款——罚没收入　100 000

2. 行政性收费。

【例3－2】 某工商局收取某企业办理注册登记的登记注册费5 000元，应做如下会计处理：

借：银行存款　5 000

　　贷：应缴财政款——行政性收费　5 000

3. 政府性基金。

【例3－3】 某行政单位收到一项按照规定应当上缴财政的政府性基金，其金额为50 000元，应做如下会计处理：

借：银行存款 50 000

贷：应缴财政款——政府性基金 50 000

4. 国有资产出租收入。

【例3－4】某行政单位将部分房屋出租，取得租金收入共50 000元，应做如下会计处理：

借：银行存款 50 000

贷：应缴财政款——国有资产出租收入 50 000

（二）国有资产处置收入

处置资产取得应当上缴财政的处置净收入的账务处理，参见“待处理财产损溢”科目。

【例3－5】某行政单位为减少经费开支，将一辆办公车辆予以出售，处置后获得净收入171 000元，应做如下会计处理：

借：待处理财产损溢——处理净收入 171 000

贷：应缴财政款——国有资产处置收入 171 000

（三）应缴财政款的上缴

上缴应缴财政的款项时，按照实际上缴的金额，借记“应缴财政款”科目，贷记“银行存款”科目。

【例3－6】沿用【例3－5】该行政单位将该笔应缴财政款上缴财政，应做如下会计处理：

借：应缴财政款——国有资产处置收入 171 000

贷：银行存款 171 000

第三节　应缴税费

一、应缴税费的定义与确认

应缴税费是指行政单位按照国家税法等有关规定应当缴纳的各种税费，包括营业税、城市维护建设税、教育费附加、房产税、车船税、城镇土地使用税等。

应缴税费应当在产生缴纳税费义务时确认。

二、应缴税费科目的设置

行政单位应当设置“应缴税费”科目，对行政单位按照税法等规定应当缴纳的各种税费进行核算。本科目应当按照应缴纳的税费种类进行明细核算。行政单位代扣代缴的个人所得税，也通过本科目核算。

“应缴税费”科目借方反映当期行政单位应缴税费的减少；贷方反映当期行政单位应缴税费的增加；本科目期末贷方余额，反映行政单位应缴未缴的税费金额。

三、应缴税费的会计核算

（一）因资产处置发生的应缴税费

因资产处置等发生营业税、城市维护建设税、教育费附加等缴纳义务的，按照税法等规定计算的应缴税费金额，借记“待处理财产损溢”科目，贷记“应缴税费”科目；实际缴纳时，借记“应缴税费”科目，贷记“银行存款”等科目。

【例3－7】某行政单位出售一座办公楼，原价8 000 000元，已计提折旧3 000 000元，售价6 000 000元，销售该办公楼适用的营业税、城市建设维护税以及教育费附加的税率分别为5%、7%、3%，应做如下会计处理：

应缴营业税＝6 000 000×5%＝300 000（元）

应缴城市建设维护税＝300 000×7%＝21 000（元）

教育费附加＝300 000×3%＝9 000（元）

办公楼转入处置时：

借：待处理财产损溢——待处理财产价值	5 000 000	
累计折旧	3 000 000	
贷：固定资产		8 000 000

收到出售价款时：

借：资产基金——固定资产	5 000 000	
贷：待处理财产损溢——待处理财产价值		5 000 000
借：银行存款	6 000 000	
贷：待处理财产损溢——处理净收入		6 000 000

计算应缴税费时：

借：待处理财产损溢——处理净收入	330 000	
贷：应缴税费——营业税		300 000
——城市维护建设税		21 000
——教育费附加		9 000

结转出售办公楼处理净收入时：

借：待处理财产损溢——处理净收入	5 670 000	
贷：应缴财政款——国有资产处置收入		5 670 000

实际缴纳税费时：

借：应缴税费——营业税 300 000

——城市维护建设税 21 000

——教育费附加 9 000

贷：银行存款 330 000

（二）因出租资产发生的应缴税费

因出租资产等发生营业税、城市维护建设税、教育费附加等缴纳义务的，按照税法等规定计算的应缴税费金额，借记“应缴财政款”等科目，贷记“应缴税费”科目；实际缴纳时，借记“应缴税费”科目，贷记“银行存款”等科目。

【例3-8】某行政单位出租办公室取得租金收入60 000元，适用的营业税、城市建设维护税以及教育费附加的税率分别为5%、7%、3%，应做如下会计处理：

应缴营业税 = 60 000 × 5% = 3 000（元）

应缴城市建设维护税 = 3 000 × 7% = 210（元）

教育费附加 = 3 000 × 3% = 90（元）

收取租金时：

借：银行存款 60 000

贷：应缴财政款——国有资产出租收入 60 000

计算应缴税费时：

借：应缴财政款——国有资产出租收入 3 300

贷：应缴税费——营业税 3 000

——城市建设维护税 210

——教育费附加 90

将出租净收入上缴财政时：

借：应缴财政款——国有资产出租收入 3 300

贷：银行存款 3 300

（三）代扣代缴个人所得税

代扣代缴个人所得税，按照税法等规定计算的应代扣代缴的个人所得税金额，借记“应付职工薪酬”科目（从职工工资中代扣个人所得税）或“经费支出”科目（从劳务费中代扣个人所得税），贷记“应缴税费”科目。实际缴纳时，借记“应缴税费”科目，贷记“财政拨款收入”、“零余额账户用款额度”、“银行存款”等科目。

【例3-9】某行政单位从职工工资中代扣个人所得税60 000元，从劳务费中代扣个人所得税30 000元，应做如下会计处理：

计算代扣代缴个人所得税时：

借：应付职工薪酬 60 000

经费支出 30 000

　　贷：应缴税费——个人所得税　　90 000

实际缴纳代扣代缴个人所得税时：

借：应缴税费——个人所得税　　90 000

　　贷：银行存款　　90 000

第四节　应付职工薪酬

一、应付职工薪酬的定义与确认

应付职工薪酬是指行政单位按照有关规定应付给职工及为职工支付的各种薪酬，包括基本工资、奖金、国家统一规定的津贴补贴、社会保险费、住房公积金等。

应付职工薪酬应当在规定支付职工薪酬的时间确认。

二、应付职工薪酬科目的设置

行政单位应当设置“应付职工薪酬”科目，对行政单位应付给职工及为职工支付的各种薪酬进行核算。本科目应当根据国家有关规定按照“工资（离退休费）”、“地方（部门）津贴补贴”、“其他个人收入”以及“社会保险费”、“住房公积金”等进行明细核算。

“应付职工薪酬”科目借方反映当期行政单位应付职工薪酬的减少；贷方反映当期行政单位应付职工薪酬的增加；本科目期末贷方余额，反映行政单位应付未付的职工薪酬。

三、应付职工薪酬的会计核算

（一）发生应付职工薪酬

发生应付职工薪酬时，按照计算出的应付职工薪酬金额，借记“经费支出”科目，贷记“应付职工薪酬”科目。

【例3－10】某行政单位发生应付职工薪酬200 000元，应做如下会计处理：

借：应缴税费——个人所得税　　90 000

　　贷：银行存款　　90 000

（二）支付职工薪酬

1. 向职工支付工资、津贴补贴等薪酬时，按照实际支付的金额，借记“应付职工薪酬”科目，贷记“财政拨款收入”、“零余额账户用款额度”、“银行存款”等科目。

2. 从应付职工薪酬中代扣为职工垫付的水电费、房租等费用时，按照实际扣除的金额，借记“应付职工薪酬——工资”科目，贷记“其他应收款”等科目。

3. 从应付职工薪酬中代扣代缴个人所得税，按照代扣代缴的金额，借记“应付职工薪酬——工资”科目，贷记“应缴税费”科目。

4. 从应付职工薪酬中代扣代缴社会保险费和住房公积金，按照代扣代缴的金额，借记“应付职工薪酬——工资”科目，贷记“其他应付款”科目。

（三）为职工承担的社会保险费和住房公积金

缴纳单位为职工承担的社会保险费和住房公积金时，借记“应付职工薪酬——社会保险费、住房公积金”，贷记“财政拨款收入”、“零余额账户用款额度”、“银行存款”等科目。

【例3－11】某行政单位本月职工薪酬总额为900 000元，其中，在职职工工资720 000元，离退休费80 000元，地方津贴补贴50 000元，住房公积金50 000元，代扣代缴住房公积金50 000元，代扣代缴社会保险费12 000元，代扣代缴个人所得税36 000元，代扣为职工垫付的房租、水电费共75 000元。应做如下会计处理：

计算本月应付职工薪酬时：

	借方	贷方
借：经费支出	900 000	
贷：应付职工薪酬——工资		720 000
——离退休费		80 000
——地方津贴补贴		50 000
——住房公积金		50 000

计算本月代扣代缴税费和代扣垫付费用时：

	借方	贷方
借：应付职工薪酬——工资	173 000	
贷：其他应付款——住房公积金		50 000
——社会保险费		12 000
应缴税费——个人所得税		36 000
其他应收款		75 000

使用财政直接支付方式支付职工薪酬和代缴住房公积金、社会保险费和个人所得税时：

	借方	贷方
借：应付职工薪酬——工资	547 000	
——离退休费	80 000	
——地方津贴补贴	50 000	
——住房公积金	50 000	
其他应付款——住房公积金	50 000	
——社会保险费	12 000	
应缴税费——个人所得税	36 000	
贷：财政拨款收入		825 000

第五节　应付及暂存款项

应付及暂存款项是指行政单位在开展业务活动中发生的各项债务，包括应付账款、其他应付款等。

一、应付账款

（一）应付账款的定义与确认

应收账款是指行政单位因购买物资或服务、工程建设等而应付的偿还期限在1年以内（含1年）的款项。

应付账款应当在收到所购物资或服务、完成工程时确认。

（二）应付账款科目的设置

行政单位应当设置“应付账款”科目，对行政单位因购买物资或服务、工程建设等而应付的偿还期限在1年以内（含1年）的款项进行核算。本科目应当按照债权单位（或个人）进行明细核算。

“应付账款”科目借方反映当期行政单位应付账款的减少；贷方反映当期行政单位应付账款的增加；本科目期末贷方余额，反映行政单位尚未支付的应付账款。

（三）应付账款的会计核算

1. 发生应付账款。

收到所购物资或服务、完成工程但尚未付款时，按照应付未付款项的金额，借记“待偿债净资产”科目，贷记“应付账款”科目。

【例3－12】某行政单位购入一批图书，价值200 000元，已验收入库，但尚未付款，应做如下会计处理：

借：待偿债净资产	200 000	
贷：应付账款		200 000
借：固定资产	200 000	
贷：资产基金——固定资产		200 000

2. 偿付应付账款。

偿付应付账款时，借记“应付账款”科目，贷记“待偿债净资产”科目；同时，借记“经费支出”科目，贷记“财政拨款收入”、“零余额账户用款额度”、“银行存款”等科目。

【例3－13】沿用【例3－12】该行政单位使用财政授权支付方式支付上述款项，应做如下会计处理：

借：应付账款 200 000

　　贷：待偿债净资产 200 000

借：经费支出 200 000

　　贷：零余额账户用款额度 200 000

3. 应付账款的核销。

无法偿付或债权人豁免偿还的应付账款，应当按照规定报经批准后进行账务处理。经批准核销时，借记“应付账款”科目，贷记“待偿债净资产”科目。核销的应付账款应在备查簿中保留登记。

【例3－14】沿用【例3－12】债权人豁免该行政单位购买图书的上述款项，应做如下会计处理：

借：应付账款 200 000

　　贷：待偿债净资产 200 000

二、其他应付款

（一）其他应付款的定义与内容

行政单位除应缴财政款、应缴税费、应付职工薪酬、应付政府补贴款、应付账款以外的其他各项偿还期在1年以内（含1年）的应付及暂存款项，如收取的押金、保证金、未纳入行政单位预算管理的转拨资金、代扣代缴职工社会保险费和住房公积金等。

（二）其他应付款科目的设置

行政单位应当设置“其他应付款”科目，对行政单位的其他应付款进行核算。本科目应当按照其他应付款的类别以及债权单位（或个人）进行明细核算。

“其他应付款”科目借方反映当期行政单位其他应付款的减少；贷方反映当期行政单位其他应付款的增加；本科目期末贷方余额，反映行政单位尚未支付的其他应付款。

（三）其他应付款的会计核算

1. 发生其他应付款。

发生其他各项应付及暂存款项时，借记“银行存款”等科目，贷记“其他应付款”科目。

【例3－15】某行政单位将办公楼出租，收取F公司押金10 000元，应做如下会计处理：

借：银行存款 10 000

　　贷：其他应付款——押金（F公司） 10 000

2. 偿付其他应付款。

支付其他各项应付及暂存款项时，借记“其他应付款”科目，贷记“银行存款”等科目。

【例3－16】沿用【例3－15】该行政单位与F公司的租赁合约到期，F公司不再租用办公楼，该行政单位返还押金，应做如下会计处理：

借：其他应付款——押金（F公司）　10 000

　　贷：银行存款　10 000

3. 其他应付款的核销。

因故无法偿付或债权人豁免偿还的其他应付款项，应当按规定报经批准后进行账务处理。经批准核销时，借记"其他应付款"科目，贷记"其他收入"科目。核销的其他应付款应在备查簿中保留登记。

【例3－17】沿用【例3－15】F公司因破产清算无法偿还租金，该行政单位按规定报经批准后核销该笔押金，应做如下会计处理：

借：其他应付款——押金（F公司）　10 000

　　贷：其他收入　10 000

第六节　应付政府补贴款

一、应付政府补贴款的定义与确认

应付政府补贴款是指负责发放政府补贴的行政单位，按照有关规定应付给政府补贴接受者的各种政府补贴款。

应付政府补贴款应当在规定发放政府补贴的时间确认。

二、应付政府补贴款科目的设置

行政单位应当设置"应付政府补贴款"科目，对按照有关规定应付给政府补贴接受者的各种政府补贴款进行核算。本科目应当按照应支付的政府补贴种类进行明细核算。行政单位还应当按照补贴接受者建立备查簿，进行相应明细核算。

"应付政府补贴款"科目借方反映当期行政单位应付政府补贴款的减少；贷方反映当期行政单位应付政府补贴款的增加；本科目期末贷方余额，反映行政单位应付未付的政府补贴金额。

三、应付政府补贴款的会计核算

（一）发生应付政府补贴款

发生应付政府补贴时，按照规定计算出的应付政府补贴金额，借记"经费支出"科目，贷记“应付政府补贴款”科目。

【例3－18】某行政单位负责给当地的低保居民发放政府给予的生活补助，共计650 000元，计算应付政府补贴金额时，应作如下会计处理：

借：经费支出 650 000

　　贷：应付政府补贴款——生活补助 650 000

（二）支付应付政府补贴款

支付应付的政府补贴款时，借记“应付政府补贴款”科目，贷记“零余额账户用款额度”、“银行存款”等科目。

【例3－19】沿用【例3－18】该行政单位用财政授权支付方式支付上述政府补贴款，应做如下会计处理：

借：应付政府补贴款——生活补助 650 000

　　贷：零余额账户用款额度 650 000

第七节　长期应付款

一、长期应付款的定义与确认

（一）长期应付款的定义

长期应付款是指行政单位发生的偿还期限超过1年（不含1年）的应付款项，如跨年度分期付款购入固定资产的价款等。

（二）长期应付款的确认

长期应付款应当按照以下条件确认：

1. 因购买物资、服务等发生的长期应付款，应当在收到所购物资或服务时确认；
2. 因其他原因发生的长期应付款，应当在承担付款义务时确认。

二、长期应付款科目的设置

行政单位应当设置“长期应付款”科目，对行政单位的长期应付款进行核算。本科目应当按照长期应付款的类别以及债权单位（或个人）进行明细核算。

“长期应付款”科目借方反映当期行政单位长期应付款的减少；贷方反映当期行政单位长期应付款的增加；本科目期末贷方余额，反映行政单位尚未支付的长期应付款。

三、长期应付款的会计核算

（一）发生长期应付款

发生长期应付款时，按照应付未付的金额，借记“待偿债净资产”科目，贷记“长期应付款”科目。

【例3－20】某行政单位以分期付款方式从G公司购入一台仪器，总价款270 000元，分三年支付，于每年年末支付，购入时应做如下会计处理：

借：待偿债净资产　270 000
　　贷：长期应付款——固定资产（G公司）　270 000
借：固定资产　270 000
　　贷：资产基金——固定资产　270 000

（二）偿付长期应付款

偿付长期应付款时，借记“经费支出”科目，贷记“财政拨款收入”、“零余额账户用款额度”、“银行存款”等科目；同时，借记“长期应付款”科目，贷记“待偿债净资产”科目。

【例3－21】沿用【例3－20】该行政单位年末使用财政直接支付方式支付款项，应做如下会计处理：

借：经费支出　90 000
　　贷：财政拨款收入　90 000
借：长期应付款——固定资产（G公司）　90 000
　　贷：待偿债净资产　90 000

（三）长期应付款的核销

无法偿付或债权人豁免偿还的长期应付款，应当按照规定报经批准后进行账务处理。经批准核销时，借记“长期应付款”科目，贷记“待偿债净资产”科目。核销的长期应付款应在备查簿中保留登记。

【例3－22】沿用【例3－20】该笔长期应付款支付两年后，G公司豁免最后一年应付的款项，该行政单位按照规定报经批准后予以核销，应做如下会计处理；

借：长期应付款——固定资产（G公司）　90 000
　　贷：待偿债净资产　90 000

第八节　受托代理负债

一、受托代理负债的定义与确认

受托代理负债是指行政单位接受委托，取得受托管理资产时形成的负债。

受托代理负债应当在行政单位收到受托代理资产并产生受托代理义务时确认。

二、受托代理负债科目的设置

行政单位应当设置“受托代理负债”科目，对行政单位的受托代理负债进行核算。本科目应当按照委托人等进行明细核算；属于指定转赠物资和资金的，还应当按照指定受赠人进行明细核算。

“受托代理负债”科目借方反映当期行政单位受托代理负债的减少；贷方反映当期行政单位受托代理负债的增加；本科目期末贷方余额，反映行政单位尚未清偿的受托代理负债。

三、受托代理负债的会计核算

受托代理负债的会计核算参见“受托代理资产”、“库存现金”、“银行存款”等科目。

第九节　新旧制度负债核算的变化

一、新旧制度负债核算会计科目的变化

（一）新旧制度负债核算会计科目的对比

新旧行政单位会计制度负债核算会计科目对比见表3－2。

表3－2　新旧行政单位会计制度会计科目对照表

新行政单位会计制度会计科目（负债类）		旧行政单位会计制度会计科目及补充规定会计科目（负债类）	
科目编号	会计科目名称	科目编号	会计科目名称
2001	应缴财政款	201	应缴预算款
		202	应缴财政专用户

续表

<table>
<tr><th colspan="2">新行政单位会计制度会计科目
（负债类）</th><th colspan="2">旧行政单位会计制度会计科目及
补充规定会计科目（负债类）</th></tr>
<tr><th>科目编号</th><th>会计科目名称</th><th>科目编号</th><th>会计科目名称</th></tr>
<tr><td>2101</td><td>应缴税费</td><td>203</td><td>暂存款</td></tr>
<tr><td rowspan="4">2201</td><td rowspan="4">应付职工薪酬</td><td>211</td><td>应付工资（离退休费）</td></tr>
<tr><td>212</td><td>应付地方（部门）津贴补贴</td></tr>
<tr><td>213</td><td>应付其他个人收入</td></tr>
<tr><td>203</td><td>暂存款</td></tr>
<tr><td>2301</td><td>应付账款</td><td rowspan="5">203</td><td rowspan="5">暂存款</td></tr>
<tr><td>2302</td><td>应付政府补贴款</td></tr>
<tr><td>2305</td><td>其他应付款</td></tr>
<tr><td>2401</td><td>长期应付款</td></tr>
<tr><td>2901</td><td>受托代理负债</td></tr>
</table>

（二）新旧制度负债核算会计科目的调整

新行政单位会计制度负债核算科目主要做了以下调整：

1. 新制度新设置“应缴财政款”科目，取消“应缴预算款”科目和“应缴财政专用户”科目。

新行政单位会计制度将原“应缴预算款”科目和“应缴财政专用户”科目核算的内容合并于“应缴财政款”科目进行核算。

2. 新制度新设置“应付职工薪酬”科目，取消“应付工资（离退休费）”、“应付地方（部门）津贴补贴”和“应付其他个人收入”科目。

新行政单位制度新设置“应付职工薪酬”科目，其核算内容涵盖原“应付工资（离退休费）”、“应付地方（部门）津贴补贴”和“应付其他个人收入”科目的全部内容和原“暂存款”科目中属于应付职工的社会保险费和住房公积金的部分。

3. 新制度新设置“应缴税费”、“应付账款”、“应付政府补贴款”、“其他应付款”、“长期应付款”和“受托代理负债”科目，取消“暂存款”科目。

新行政单位会计制度将原“暂存款”科目核算的内容按其类别分别归入“应缴税费”、“应付账款”、“应付政府补贴款”、“其他应付款”、“长期应付款”、“受托代理负债”和“应付职工薪酬”科目进行核算。

二、负债类会计科目新旧制度的衔接

（一）将原账科目余额转入新账

1. “应缴预算款”、“应缴财政专户款”科目。

新制度未设置“应缴预算款”、“应缴财政专户款”科目，但设置了“应缴财政款”科目，其核算内容涵盖了原账中“应缴预算款”、“应缴财政专户款”科目的核算内容。转账时，应将原账中“应缴预算款”、“应缴财政专户款”科目的余额转入新账中“应缴财政款”科目。

2. “应付工资（离退休费）”、“应付地方（部门）津贴补贴”、“应付其他个人收入”科目。

新制度未设置“应付工资（离退休费）”、“应付地方（部门）津贴补贴”、“应付其他个人收入”科目，但设置了“应付职工薪酬”科目，其核算内容涵盖了原账中上述三个科目的核算内容。转账时，应将原账中“应付工资（离退休费）”、“应付地方（部门）津贴补贴”、“应付其他个人收入”科目的余额转入新账中“应付职工薪酬”科目。

3. “暂存款”科目。

新制度未设置“暂存款”科目，但设置了“应缴税费”、“应付账款”、“应付政府补贴款”、“其他应付款”、“长期应付款”和“受托代理负债”科目。另外，新制度的“应付职工薪酬”科目核算内容还包括应付的社会保险费和住房公积金等。转账时，应对原账中“暂存款”科目的余额进行分析，将符合上述科目的余额分别转入新账对应科目。如有转入新账中“应付账款”、“长期应付款”科目的，还应按照转入“应付账款”、“长期应付款”科目余额的合计数，在新账中借记“待偿债净资产”科目，贷记“财政拨款结转”、“财政拨款结余”或“其他资金结转结余”科目。

（二）将原未入账事项登记新账

1. 关于原未入账的应付账款。

行政单位在新旧制度转换时，应当将2013年12月31日前未入账的应付账款记入新账。登记新账时，按照确定的应付账款金额，借记“待偿债净资产”科目，贷记“应付账款”科目。

2. 关于原未入账的长期应付款。

行政单位在新旧制度转换时，应当将2013年12月31日前未入账的长期应付款记入新账。登记新账时，按照确定的长期应付款金额，借记“待偿债净资产”科目，贷记“长期应付款”科目。

行政单位如有2013年12月31日前未入账的其他事项，应按照新制度规定登记新账。

（三）将行政单位基建账相关数据并入按照新制度规定设置的会计账

1. 将 2013 年 12 月 31 日基建账中负债类科目余额按照以下方法并入“大账”。

（1）按照基建账中“应交基建包干节余”、“应交基建收入”、“其他应交款”科目贷方余额中属于应交财政部分，贷记“大账”中“应缴财政款”科目；其余部分贷记“大账”中“其他应付款”科目。

（2）按照基建账中“应交税金”科目贷方余额，贷记“大账”中“应缴税金”科目。

（3）按照基建账中“应付工资”、“应付福利费”科目贷方余额，贷记“大账”中“应付职工薪酬”科目。

（4）按照基建账中“应付器材款”、“应付有偿调入器材及工程款”、“应付票据”科目贷方余额，以及“应付工程款”科目贷方余额中属于 1 年以内（含 1 年）偿还的部分，贷记“大账”中“应付账款”科目。

（5）按照基建账中“其他应付款”科目贷方余额，贷记“大账”中“其他应付款”科目。

（6）按照基建账中“基建投资借款”、“上级拨入投资借款”、“其他借款”科目贷方余额和“应付工程款”科目贷方余额中属于超过 1 年偿还的部分，贷记“大账”中“长期应付款”科目。

2. 行政单位执行新制度后，应当至少按月将基建账中负债类科目的发生额按照以下方法并入“大账”。

根据“大账”科目和基建账科目的对应关系（见表 3－3），按照基建账中负债类科目本期发生额的借方净额，借记“大账”中的对应科目；按照基建账中负债类科目本期发生额的贷方净额，贷记“大账”中的对应科目。

表 3－3　政单位“大账”和基建账会计科目对照表

“大账”科目（负债类）		基建账科目（负债类）	
科目编号	会计科目名称	科目编号	会计科目名称
2001	应缴财政款	362	应交基建包干节余（应交财政部分）
		363	应交基建收入（应交财政部分）
		364	其他应交款（应交财政部分）
2101	应缴税费	361	应交税金

续表

"大账"科目（负债类）		基建账科目（负债类）	
科目编号	会计科目名称	科目编号	会计科目名称
2201	应付职工薪酬	341	应付工资
		342	应付福利费
2301	应付账款	331	应付器材款
		332	应付工程款（1年以内偿还的）
		351	应付有偿调入器材及工程款
		353	应付票据
2305	其他应付款	352	其他应付款
		364	其他应交款（非应交财政部分）
2401	长期应付款	332	应付工程款（超过1年偿还的）
		304	基建投资借款
		305	上级拨入投资借款
		306	其他借款

第四章　收入

第一节　收入概述

一、收入的定义与分类

（一）收入的定义

行政单位收入是指行政单位依法取得的非偿还性资金，包括财政拨款收入和其他收入。

（二）收入的分类

财政拨款收入是指行政单位从同级财政部门取得的财政预算资金。

其他收入是指行政单位依法取得的除财政拨款收入以外的各项收入。

根据《行政单位财务规则》，行政单位依法取得的应当上缴财政的罚没收入、行政事业性收费、政府性基金、国有资产处置和出租出借收入等，不属于行政单位的收入。

二、行政单位收入管理的规定

根据新《行政单位会计制度》以及《行政单位财务规则》，行政单位收入的管理应该遵循以下规定：

（1）行政单位取得各项收入，应当符合国家规定，按照财务管理的要求，分项如实核算。

（2）行政单位的各项收入应当全部纳入单位预算，统一核算，统一管理。

（3）行政单位需要按照部门预算、用款计划、规定用途和预算管理级次申请取得财政拨款收入。

（4）行政单位需要按照收支平衡的原则，合理安排各项资金，不得超预算安排支出；应当坚持“量入未出，保障和重点，兼顾一般，厉行节约”的原则。

三、收入的确认与计量

（一）收入的确认

企业性质的不同、收入来源的不同都会使得收入确认条件产生差异，从一般意义上来讲，收入的确认至少应该符合三个条件：一是与收入相关的经济利益应当很可能流入企业；二是经济利益流入企业的结果会导致资产的增加或者负债的减少；三是经济利益的流入额能够可靠计量。

根据《行政单位会计制度》规定，行政单位的收入一般应当在收到款项时予以确认。

（二）收入的计量

根据《行政单位会计制度》规定，行政单位的收入应该按照实际收到的金额进行计量。

四、收入类会计科目

行政单位会计核算适用的收入类会计科目如表 4 – 1 所示。

表 4 – 1　行政单位会计核算收入类会计科目

序号	科目编号	会计科目名称
31	4001	财政拨款收入
32	4011	其他收入

第二节　财政拨款收入

一、财政拨款收入的定义与范围

财政拨款收入是指行政单位从同级财政部门取得的财政预算资金，具体包括行政单位为其基本支出以及特定项目支出而向同级财政部门申请取得的财政拨款资金。

二、财政拨款收入科目的设置

根据《行政单位会计制度》规定，行政单位应当设置“财政拨款收入”科目，对行政单位从同级财政部门取得的财政预算资金进行核算。本科目应当设置“基本支出拨款”和“项目支出拨款”两个明细科目，分别核算行政单位取得用于基本支出和项目支出的财政拨款资金；同时，按照《政府收支分类科目》中“支出功能分类科目”的项级科目进行明细核算；在“基本支出拨款”明细科目下按照“人员经费”和“日常公用经费”进行明细核算，在“项目支出拨款”明细科目下按照具体项目进行明细核算。

有公共财政预算拨款、政府性基金预算拨款等两种或两种以上财政拨款的行政单位，还应当按照财政拨款的种类分别进行明细核算。

“财政拨款收入”科目借方反映行政单位财政直接支付的资金收回以及年末将当年发生额转入财政拨款结转；贷方反映为其基本支出以及特定项目支出而实际收到的各项财政拨款资金。年终结账后，本科目应无余额。

三、财政拨款收入的会计核算

（一）行政单位取得财政拨款收入

行政单位取得财政拨款收入时，需要根据该财政资金的实际支付方式，分别借记“经费支出”、“零余额账户用款额度”、“银行存款”等科目，贷记本科目。根据取得财政拨款收入方式的不同可以将其分为财政直接支付方式、财政授权支付以及其他方式，根据《行政单位会计制度》规定，相关具体的账务处理如下：

1. 财政直接支付。

行政单位根据收到的“财政直接支付入账通知书”及相关原始凭证，借记“经费支出”科目，贷记本科目。

年末，行政单位根据本年度财政直接支付预算指标数与财政直接支付实际支出数的差额，借记“财政应返还额度——财政直接支付”科目，贷记本科目。

本年度财政直接支付的资金收回时，借记本科目，贷记“经费支出”等科目。

【例4－1】某行政单位收到财政部门委托其代理银行转来的财政直接支付入账通知书，其中包含财政部门为行政部门支付100 000元的日常行政活动经费、200 000元在职人员工资、70 000元的为开展某项专业业务活动所发生的费用。应做如下会计处理：

借：经费支出　　170 000

　　应付职工薪酬　　200 000

　　贷：财政拨款收入——基本支出拨款——日常公用经费　　100 000

　　　　　　　　　　　　　　　　　——人员经费　　200 000

　　　　　　　　　　——项目支出拨款　　70 000

【例4－2】某行政单位本年度以前月份用财政直接支付方式购买的办公设备由于质量问题退货，收回资金37 500元。应作如下会计处理：

借：财政拨款——基本支出拨款——日常公用经费　　37 500

　　贷：经费支出　　37 500

【例4－3】沿用【例4－1】上述行政单位本年度财政直接支付的基本支出拨款预算指标数为800 000元，而当年财政直接支付实际基本支出为730 000元，年末确定该行政单位应收财政返还的资金额度为70 000元。应作如下会计处理：

借：财政应返还额度——财政直接支付 70 000

贷：财政拨款收入——基本支出拨款 70 000

2. 财政授权支付。

行政单位根据收到的“财政授权支付额度到账通知书”，借记“零余额账户用款额度”等科目，贷记本科目。

年末，如行政单位本年度财政授权支付预算指标数大于财政授权支付额度下达数，根据两者间的差额，借记“财政应返还额度——财政授权支付”科目，贷记本科目。

【例4-4】某行政单位收到其代理银行转来的财政授权支付额度到账通知书，显示财政部门拨入一笔用于该单位日常行政活动开支的授权支付用款额度30 000元以及一笔用于开展某专项活动的授权支付用款额度15 000元。应作如下会计处理：

借：零余额账户用款额度 45 000

贷：财政拨款收入——基本支出拨款——日常公用经费 30 000

——项目支出拨款 15 000

【例4-5】某行政单位本年度财政授权支付预算指标数总数为2 000 000元，其中包括基本支出拨款指标数为1 200 000元，项目支出拨款指标数为800 000元。当年实际财政授权支付额度下达数分别为：基本支出拨款1 000 000元，项目支出拨款700 000元。应作如下会计处理：

借：财政应返还额度——财政授权支付 300 000

贷：财政拨款收入——基本支出拨款 200 000

——项目支出拨款 100 000

3. 其他方式。

实际收到财政拨款收入时，借记“银行存款”等科目，贷记本科目。

【例4-6】某行政单位尚未被纳入到财政国库单一账户制度进行管理，其收到开户银行转来的收款通知，财政部门拨入一笔预算经费100 000元，规定用于日常行政活动开支。应作如下会计处理：

借：银行存款 100 000

贷：财政拨款收入——基本支出拨款——日常公用经费 100 000

（二）财政拨款收入的年终结转

年末，将本科目本年发生额转入财政拨款结转时，借记本科目，贷记“财政拨款结转”科目。年终结账后，本科目应无余额。

【例4-7】某行政单位年终进行结账，相关账户的余额情况如下：“财政拨款收入”总账账户贷方余额为7 900 000元，其中“基本支出拨款——日常公用经费”账户贷方余额为4 000 000元，“基本支出拨款——人员经费”账户贷方余额为2 500 000元，“项目支出拨款”账户贷方余额为 1 400 000 元。应作如下会计处理：

借：财政拨款收入——基本支出拨款——日常公用经费　　4 000 000

　　　　　　　　　　　　　　　　——人员经费　　2 500 000

　　　　　　　　　　　　　　　　——项目支出拨款　　1 400 000

　贷：财政拨款结转　　7 900 000

第三节　其他收入

一、其他收入的定义与范围

其他收入是指行政单位依法取得的除财政拨款收入以外的各项收入，具体包括从非同级财政部门、上级主管部门等取得的用于完成项目或专项任务的资金、库存现金溢余、后勤服务收入、专项收入、银行存款利息收入等，但是要注意不包括行政单位从上级、本级或者下级政府单位取得的用于完成专项任务的资金，从非同级财政部门、上级主管部门等取得指定转给其他单位且未纳入本单位预算管理的资金，以及应当上缴财政的罚没收入、行政事业性收费、政府性基金、国有资产处置和出租出借收入等。

二、其他收入科目的设置

根据《行政单位会计制度》规定，行政单位应当设置“其他收入”科目，对行政单位依法取得的除财政拨款收入以外的各项收入进行核算。本科目应当按照其他收入的类别、来源单位、项目资金和非项目资金进行明细核算。对于项目资金收入，还应当按照具体项目进行明细核算。其他收入如果来源于各级政府单位的，还应该按照“上级政府”、“本级政府其他部门”、“本部门上级单位”、“本部门附属单位”、“下级政府”等进行明细核算。

“其他收入”科目贷方反映行政单位取得的其他收入，会计期间该科目一般为贷方余额，表示当期其他收入的累计数。年末需要将本科目本期发生额转入其他资金结余，年终结账后，本科目应无余额。

三、其他收入的会计核算

（一）收到属于其他收入的各种款项

根据《行政单位会计制度》规定，行政单位收到属于其他收入的各种款项时，按照实际收到的金额，借记“银行存款”、“库存现金”等科目，贷记本科目。

【例4－8】某行政单位在5月份发生如下经济业务：收到后勤服务收入30 000元，收到其基本账户开户银行的存款利息通知显示本期银行存款利息收入为10 000元。该行政单位出纳人员在月底结账时发现1 500元的现金溢余，无法查明具体原因，按照规定经批准作为其他收入处理。应作如下会计处理：

收到后勤服务收入以及银行利息通知时：

借：银行存款 40 000

　　贷：其他收入——后勤服务收入 30 000

　　　　　　　——利息收入 10 000

发现现金溢余时：

借：现金存款 1 500

　　贷：待处理财产损溢 1 500

报经批准作为其他收入处理时：

借：待处理财产损溢 1 500

　　贷：其他收入——库存现金溢余 1 500

（二）其他收入的年终结转

年末，将本科目本年发生额转入其他资金结转结余时，借记本科目，贷记“其他资金结转结余”科目。年终结账后，本科目应无余额。

【例4－9】某行政单位年终进行结账，相关账户的余额情况如下：“其他收入”总账账户贷方余额为271 500元，其中“利息收入”账户贷方余额为70 000元，“后勤服务收入”账户贷方余额为90 000元，“项目专项收入”账户贷方余额为110 000元，“库存现金溢余”账户贷方余额为1 500元。应作如下会计处理：

借：其他收入——利息收入 70 000

　　　　　　——后勤服务收入 90 000

　　　　　　——项目专项收入 110 000

　　　　　　——库存现金溢余 1 500

　　贷：其他资金结余 271 500

第四节　新旧制度收入核算的变化

一、新旧制度收入核算会计科目的变化

（一）新旧制度收入核算会计科目的对比

新旧行政单位会计制度收入核算会计科目对比见表4－2。

表 4－2　新旧行政单位会计制度收入核算会计科目对照表

新行政单位会计制度会计科目（收入类）		旧行政单位会计制度会计科目及补充规定会计科目（收入类）	
科目编号	会计科目名称	科目编号	会计科目名称
4001	财政拨款收入	401	拨入经费
4011	其他收入	407	其他收入
		404	预算外资金收入

（二）新旧制度收入核算会计科目的调整

新行政单位会计制度收入核算科目主要做了以下调整：

1. 核算内容变化的会计科目。

以下科目的核算内容发生了变化：

（1）“财政拨款收入”科目：科目名称由“拨入经费”更换为“财政拨款收入”，后者的核算内容涵盖了前者的核算内容。

（2）“其他收入”科目：用于核算原“预算外资金收入”和原“其他收入”科目符合新制度中“其他收入”科目核算范围的内容，不符合新制度“其他收入”科目核算范围的纳入“应缴财政款”科目进行核算，例如行政单位发生的资产处置和出租出借净收入。

2. 取消的会计科目。

以下科目在新行政单位会计制度中取消或被替代：

（1）“拨入经费”科目：新制度取消了“拨入经费”科目，取而代之的是“财政拨款收入”科目。

（2）“预算外资金收入”科目：新制度按照原“预算外资金收入”核算的内容分别归类于“其他收入”科目和“应缴财政款”科目中，原“预算外资金收入”科目取消。

3. 新增的会计科目。

以下科目属于新行政单位会计制度中新增的会计科目：

“财政拨款收入”科目：用于核算原“拨入经费”科目中核算的内容。

二、收入类会计科目新旧制度的衔接

行政单位应该按照《新旧行政单位会计制度有关衔接问题的处理规定》（财库［2013］219号）进行新旧会计制度的衔接。

（一）将原账科目余额转入新账

由于原账中收入类科目年末无余额，不需进行转账处理。自2014年1月1日起，应当按照新制度设置收入支出类科目并进行账务处理。

（二）将行政单位基建账相关数据并入按照新制度规定设置的会计账

行政单位应当在按国家有关规定单独核算基本建设投资的同时，将基建账相关数据并入单位按照新制度规定设置的会计账（以下简称“大账”）。

行政单位执行新制度后，应当至少按月将基建账中收入类相关科目的发生额按照以下方法并入“大账”：

根据“大账”科目和基建账科目的对应关系（见表4－3），按照基建账中“基建拨款”科目本期贷方发生额中归属于同级财政拨款的部分，贷记“大账”中“财政拨款收入”科目；其余部分，贷记“大账”中“其他收入”科目；按照基建账中“上级拨入资金”科目本期贷方发生额，贷记“大账”中“其他收入”科目。

表4－3 行政单位“大账”和基建账会计科目对照表

“大账”科目（收入类）		基建账科目（收入类）	
科目编号	会计科目名称	科目编号	会计科目名称
4001	财政拨款收入	301	基建拨款（本期贷方发生额中属于同级财政拨款的部分）
4011	其他收入	301	基建拨款（本期贷方发生额中属于非同级财政拨款的部分）
		321	上级拨入资金

第五章　支出

第一节　支出概述

一、支出的定义与分类

（一）支出的定义

支出是指行政单位为保障机构正常运转和完成工作任务所发生的资金耗费和损失。行政单位支出包括经费支出和拨出经费。

（二）支出的分类

经费支出是指行政单位自身开展业务活动使用各项资金发生的基本支出和项目支出。

拨出经费是指行政单位纳入单位预算管理、拨付给所属单位的非同级财政拨款资金。

二、行政单位支出管理的规定

行政单位支出管理属于其财务管理的重要内容，与其执行预算情况密切相关，根据《行政单位财务规则》规定，行政单位应该采取切实可行的办法从以下几个方面对支出进行严格管理：

（1）行政单位应当将各项支出全部纳入单位预算，各项支出由单位财务部门按照批准的预算和有关规定审核办理。

（2）行政单位的支出应当严格执行国家规定的开支范围及标准，建立健全支出管理制度，对节约潜力大、管理薄弱的支出进行重点管理和控制。

（3）行政单位从财政部门或者上级预算单位取得的项目资金，应当按照批准的项目和用途使用，专款专用、单独核算，并按照规定向同级财政部门或者上级预算单位报告资金使用情况，接受财政部门和上级预算单位的检查监督。

项目完成后，行政单位应当向同级财政部门或者上级预算单位报送项目支出决算和使用效果的书面报告。

（4）行政单位应当严格执行国库集中支付制度和政府采购制度等规定。

（5）行政单位应当加强支出的绩效管理，提高资金的使用效益。

（6）行政单位应当依法加强各类票据管理，确保票据来源合法、内容真实、使用正确，不得使用虚假票据。

三、支出的确认与计量

（一）支出的确认

根据《行政单位会计制度》规定，行政单位的支出一般应当在支付款项时予以确认，并按照实际支付金额进行计量。

（二）支出的计量

根据《行政单位会计制度》规定，应该采用权责发生制确认的支出，应当在其发生时予以确认，并按照实际发生额进行计量。

四、支出类会计科目

行政单位会计核算适用的支出类会计科目如表 5－1 所示。

表 5－1 行政单位会计核算支出类会计科目

序号	科目编号	会计科目名称
33	5001	经费支出
34	5101	拨出经费

第二节 经费支出

一、经费支出的定义与范围

经费支出是指行政单位自身开展业务活动使用各项资金发生的基本支出和项目支出。经费支出是行政单位最主要的支出，是行政单位在完成行政任务以实现社会管理职能而按计划发生的资金的消耗。

为了更好地分析和考核各项经费支出的实际发生情况，反映其内容与结构，从而加强各项经费支出的管理，行政单位可以从两个角度对经费支出进行分类：

（一）按照经费支出的基本内容分类

行政单位经费支出按照所属基本内容不同可以分为“基本支出”和“项目支出”两大类。

（1）基本支出。

基本支出是指行政单位为维护机构正常运转和完成日常工作任务而发生的各项支出，如支付给工作人员的基本工资和福利、办公费、交通费等。基本支出具有常规稳定的特点。

（2）项目支出。

项目支出是指行政单位为完成特定的工作任务或事业发展目标，在基本的预算支出以外，财政预算专款安排的支出，如专项会议支出、专项设备购置支出等。项目支出具有非常规性和不稳定性的特点。

（二）按照经费支出的具体用途分类

参考《政府收支分类科目》，行政单位经费支出按照具体用途的不同可以分为以下几类：

（1）工资福利支出。

工资福利支出反映行政单位支付给在职职工和临时聘用人员各项开支报酬，具体包括基本工资、津贴补贴、奖金、社会保障缴费、伙食补助费等。

（2）商品和服务支出。

商品和服务支出反映行政单位购买商品和服务的支出，具体包括行政单位发生的办公费、印刷费、咨询费、手续费、水费、电费、邮电费、取暖费、交通费、差旅费、租赁费、会议费、招待费等。

（3）对个人和家庭的补助。

对个人和家庭的补助反映行政单位用于对个人和家庭的补助支出，具体包括离休费、退休费、抚恤金、生活补助、救济费、医疗费、住房公积金等。

（4）基本建设支出。

基本建设支出反映行政单位由各级发展与改革部门集中安排的用于固定资产、无形资产、土地、战略性和应急性储备、购建基础设施、大型修缮所发生的支出，具体包括房屋建筑物购建、办公设备购置、交通工具购置、大型修缮、信息网络购建、物资储备、其他基本建设支出等。

（5）其他资本性支出。

其他资本性支出反映行政单位由非发展与改革部门集中安排的用于固定资产、无形资产、土地、战略性和应急性储备、购建基础设施、大型修缮所发生的支出，具体包括房屋建筑物购建、办公设备购置、交通工具购置、大型修缮、信息网络购建、物资储备、其他基本建设支出等。

（6）其他支出。

其他支出反映行政单位不能划分到上述分类科目中的其他相关支出。

在行政单位经费支出的实际过程中，一般同时采用上述两种分类方法相结合。“经费支出”分为“基本支出”和“项目支出”两类，其中“基本支出”再细分为人员经费支出和日常公用经费支出，前者包括《政府收支分类科目》中的“工资福利支出”、“对个人和家庭的补助”，后者包括“商品和服务支出”等；“项目支出”根据具体的项目进行分项管理，再在每个项目下细分“工资福利支出”、“商品和服务支出”、“对个人和家庭的补助”等科目。

二、经费支出科目的设置

根据《行政单位会计制度》规定，行政单位应当设置“经费支出”科目，对行政单位在开展业务活动中发生的各项支出进行核算。本科目应当设置“财政拨款支出”和“其他资金支出”、“基本支出”和“项目支出”等明细科目分类进行明细核算；并按照《政府收支分类科目》中“支出功能分类科目”的项级科目进行明细核算；“基本支出”和“项目支出”明细科目下应当按照《政府收支分类科目》中“支出经济分类科目”的款级科目进行明细核算。同时在“项目支出”明细科目下按照具体项目进行明细核算。

有公共财政预算拨款、政府性基金预算拨款等两种或两种以上财政拨款的行政单位，还应当按照财政拨款的种类分别进行明细核算。

“经费支出”科目借方反映行政单位发生的各项支出；贷方反映其因退货等原因发生支出收回的金额或者年末结转至结余的金额。年终结账后，本科目应无余额。

三、经费支出的会计核算

（一）基本支出

行政单位在发生相关支出时，应该按照实际支付的金额，借记“经费支出”科目，贷记“应付职工薪酬”、“财政拨款收入”、“零余额账户用款额度”、“银行存款”等相关科目。相关具体的账务处理如下：

1. 计提职工薪酬。

行政单位在计提单位职工薪酬时，按照计算出的金额，借记本科目，贷记“应付职工薪酬”科目。

【例5－1】 某行政单位当月发生的职工薪酬总额为870 000元，其中包括基本工资430 000元，津贴补贴120 000元，年终奖金200 000元，社会保障120 000元。该部分职工薪酬由财政部直接支付。应作如下会计处理：

计提行政单位职工薪酬时：

借：经费支出——财政拨款支出——工资福利支出（基本工资） 430 000
——工资福利支出（津贴补贴） 120 000
——工资福利支出（奖金） 200 000
——工资福利支出（社会保障缴费） 120 000

贷：应付职工薪酬　870 000

实际支付职工薪酬时：

借：应付职工薪酬　870 000

贷：财政拨款收入——基本支出拨款　870 000

2. 支付外部人员劳务费。

行政单位在支付外部人员劳务费时，应按照应当支付的金额，借记本科目，按照代扣代缴个人所得税的金额，贷记“应缴税费”科目，按照扣税后实际支付的金额，贷记“财政拨款收入”、“零余额账户用款额度”、“银行存款”等科目。

【例5－2】某行政单位6月外聘了部分人员支持其工作，需要支付相关劳务费30 000元，该行政单位通过零余额账户进行支付。应作如下会计处理：

借：经费支出——财政拨款支出——商品和服务支出　30 000

贷：零余额账户用款额度　30 000

3. 支付购买存货、固定资产、无形资产、政府储备物资和工程结算的款项。

行政单位在支付购买存货、固定资产、无形资产、政府储备物资和工程结算的款项时，应按照实际支付的金额，借记本科目，贷记“财政拨款收入”、“零余额账户用款额度”、“银行存款”等科目；同时，按照采购或工程结算成本，借记“存货”、“固定资产”、“无形资产”、“在建工程”、“政府储备物资”等科目，贷记“资产基金”及其明细科目。

【例5－3】某行政单位5月份通过零余额账户购入一批价值50 000元的材料，并且该行政单位于当月收到财政部门委托其代理银行转来的财政直接支付入账通知书，显示财政部门为该行政单位支付了办公用电脑15台，共计120 000元。应作如下会计处理：

购入材料时：

借：经费支出——财政拨款支出——商品和服务支出　50 000

贷：零余额账户用款额度　50 000

同时，

借：存货　50 000

贷：资产基金——存货　50 000

购入办公用电脑时：

借：经费支出——财政拨款支出——基本建设支出　120 000

贷：财政拨款收入——基本支出拨款　120 000

同时，

借：固定资产　120 000

贷：资产基金——固定资产　120 000

4. 预付账款。

行政单位在发生预付账款时，应按照实际预付的金额，借记本科目，贷记“财政拨款收入”、“零余额账户用款额度”、“银行存款”等科目；同时，借记“预付账款”科目，贷记“资产基金——预付款项”科目。

【例5－4】某行政单位收到财政部门委托其代理银行转来的财政直接支付入账通知书，表明财政部门已经替该行政单位预付购买办公用品的货款给红星公司，共30 000元。应作如下会计处理：

借：经费支出——财政拨款支出——基本建设支出 30 000

　贷：财政拨款收入——基本支出拨款 30 000

同时，

借：预付账款——红星公司 30 000

　贷：资产基金——预付款项 30 000

5. 偿还应付款项。

行政单位在偿还应付款项时，应按照实际偿付的金额，借记本科目，贷记“财政拨款收入”、“零余额账户用款额度”、“银行存款”等科目；同时，借记“应付账款”、“长期应付款”科目，贷记“待偿债净资产”科目。

【例5－5】某行政单位收到财政部门委托其代理银行转来的财政直接支付入账通知书，显示财政部门直接为该行政单位支付了之前所欠甲企业相应设备货款之前所欠甲企业相应设备货款27 000元。应作如下会计处理：

借：经费支出——财政拨款支出 27 000

　贷：财政拨款收入——基本支出拨款 27 000

同时，

借：应付账款——甲企业 27000

　贷：待偿债净资产 27 000

6. 发生其他各项支出。

行政单位在发生其他各项支出时，应该按照实际支付的金额，借记本科目，贷记“财政拨款收入”、“零余额账户用款额度”、“银行存款”等科目。

【例5－6】某行政单位7月份发生以下支出：该行政单位代理银行支付符合支出预算的电话通讯费6 000元、取暖费20 000元、物业管理费9 000元，同时收到财政部门委托其代理银行转来的财政直接支付入账通知书，显示财政部门为其支付了电费共4 000元。应作如下会计处理：

借：经费支出——财政拨款支出——商品和服务支出（邮电费） 6 000

　　　　　　　　　　　　　——商品和服务支出（取暖费） 20 000

　　　　　　　　　　　　　——商品和服务支出（物业管理费） 9 000

——商品和服务支出（电费）　4 000

贷：财政拨款收入——基本支出拨款　4 000

零余额账户用款额度　35 000

7. 因退货等原因发生支出收回。

行政单位因退货等原因发生支出收回的，属于当年支出收回的，借记“财政拨款收入”、“零余额账户用款额度”、“银行存款”等科目，贷记本科目；属于以前年度支出收回的，借记“财政应返还额度”、“零余额账户用款额度”、“银行存款”等科目，贷记“财政拨款结转”、“财政拨款结余”、“其他资金结转结余”等科目。

【例5－7】某行政单位因为质量问题于9月份将一个月前购置的5台办公用电脑退回给原供应单位，收到其退回的40 000元，已经转入其开户银行。应作如下会计处理：

借：银行存款　40 000

贷：经费支出——财政拨款支出——基本建设支出　40 000

（二）项目支出

行政单位发生的项目支出一般包括专项会议支出、专项设备购置支出、专项大型维修支出和专项业务支出等，其应该按照《政府收支分类科目》中的分类进行明细核算，当发生相关支出时，借记“经费支出——项目支出”科目，贷记“零余额账户用款额度”、“银行存款”等相关科目。

【例5－8】某行政单位7月份通过零余额账户支付了以下专门支出，其中包括专项会议费50 000元、购置专项设备9 000元、项目培训费10 000元。应作如下会计处理：

借：经费支出——财政拨款支出——商品和服务支出（会议费）　50 000

——商品和服务支出（专用设备购置）　9 000

——商品和服务支出（培训费）　10 000

贷：零余额账户用款额度　69 000

（三）经费支出的年终结转

年末，将本科目本年发生额分别转入财政拨款结转和其他资金结转结余时，借记“财政拨款结转”、“其他资金结转结余”科目，贷记本科目。年终结账后，本科目应无余额。

【例5－9】某行政单位年终进行结账，相关账户的余额情况如下：“经费支出”总账账户借方余额为167 000元，其中“财政拨款支出（基本支出）——工资福利支出”账户借方余额为77 000元，“财政拨款支出（基本支出）——商品和服务支出”账户借方余额为53 000元，“财政拨款支出（项目支出）——商品和服务支出”账户借方余额为24 000元，“其他资金支出（项目支出）——其他资本性支出”账户借方余额为13 000元。应作如下会计处理：

借：财政拨款结转　154 000

其他资金结转结余 13 000

贷：经费支出——财政拨款支出（基本支出）——工资福利支出 77 000

——商品和服务支出 53 000

——财政拨款支出（项目支出）——商品和服务支出 24 000

——其他资金支出（项目支出）——其他资本性支出 13 000

第三节 拨出经费

一、拨出经费的定义与范围

拨出经费是指行政单位纳入单位预算管理、拨付给所属单位的非同级财政拨款资金。拨出经费包括行政单位拨给所述单位的专项经费和补助经费等。

二、拨出经费科目的设置

根据《行政单位会计制度》规定，行政单位应当设置“拨出经费”科目，核算行政单位向所属单位拨出的纳入单位预算管理的非同级财政拨款资金，如拨给所属单位的专项经费和补助经费等。本科目应当设置“基本支出”和“项目支出”科目进行明细核算，还应当按照接受拨出经费的具体单位和款项类别等分别进行明细核算。

“拨出经费”科目借方反映拨出经费实际发生数，贷方反映拨出经费的收回数，会计期间内该账户一般为借方余额，表示该期间内拨出经费的累计数。年终应该将本科目的余额转入其他资金结转结余，结账后，本科目应无余额。

三、拨出经费的会计核算

（一）行政单位拨出经费

行政单位向所属单位拨付非同级财政拨款资金等款项时，借记本科目，贷记“银行存款”等科目。

【例 5－10】某行政单位根据预算通过其开户银行向其所属甲单位拨付预算资金共 385 000 元，其中包括基本支出经费 250 000 元和项目支出经费 135 000 元。应作如下会计处理：

借：拨出经费——甲单位——基本支出 250 000

——项目支出 135 000

贷：银行存款 385 000

（二）收回拨出经费

行政单位收回拨出经费时，应借记“银行存款”等科目，贷记本科目。

【例5－11】沿用【例5－10】上述行政单位收回向甲单位拨付的预算资金中的基本支出经费50 000元。应作如下会计处理：

借：银行存款　　50 000

　　贷：拨出经费——甲单位——基本支出　　50 000

（三）拨出经费的年终结转

年末，将本科目本年发生额转入其他资金结转结余时，借记“其他资金结转结余”科目，贷记本科目。年终结账后，本科目应无余额。

【例5－12】某行政单位年终进行结账，相关账户的余额情况如下：“拨出经费”总账账户借方余额为63 000元，其中“拨出经费——甲单位——基本支出”账户借方余额为23 000元，“拨出经费——甲单位——项目支出”账户借方余额为40 000元。应作如下会计处理：

借：其他资金结转结余　　63 000

　　贷：拨出经费——甲单位——基本支出　　23 000

　　　　　　　　　　　　——项目支出　　40 000

第四节　新旧制度支出核算的变化

一、新旧制度支出核算会计科目的变化

（一）新旧制度支出核算会计科目的对比

新旧行政单位会计制度支出核算会计科目对比见表5－2。

表5－2　新旧行政单位会计制度支出核算会计科目对照表

新行政单位会计制度会计科目（支出类）		旧行政单位会计制度会计科目及补充规定会计科目（支出类）	
科目编号	会计科目名称	科目编号	会计科目名称
5001	经费支出	501	经费支出
		505	结转自筹基建
5101	拨出经费	502	拨出经费

（二）新旧制度支出核算会计科目的调整

新行政单位会计制度支出核算科目主要做了以下调整：

1. 基本无变化的会计科目。

“拨出经费”在新旧会计制度中核算的内容基本没有变化。

2. 核算内容变化的会计科目。

以下科目的核算内容发生了变化：

“经费支出”科目：将原制度中“结转自筹基建”科目核算的内容纳入“经费支出”科目中核算，当行政单位将自筹的基本建设资金转存至建设银行时，借记“经费支出”科目，贷记“银行存款”科目，当基本建设项目完工后收回剩余资金时作与上述相反的分录。年终结账时将该科目的余额转入“其他资金结转结余”中。

3. 取消的会计科目。

以下科目在新行政单位会计制度中取消或被替代：

“结转自筹基建”科目：新制度将“结转自筹基建”科目的核算内容纳入到“经费支出”科目，取消原“结转自筹基建”科目。

二、支出类会计科目新旧制度的衔接

行政单位应该按照《新旧行政单位会计制度有关衔接问题的处理规定》（财库[2013] 219 号）进行新旧会计制度的衔接。

（一）将原账科目余额转入新账

由于原账中支出类科目年末无余额，不需进行转账处理。自 2014 年 1 月 1 日起，应当按照新制度设置收入支出类科目并进行账务处理。

（二）将行政单位基建账相关数据并入按照新制度规定设置的会计账

行政单位应当在按国家有关规定单独核算基本建设投资的同时，将基建账相关数据并入单位按照新制度规定设置的会计账（以下简称“大账”）。

行政单位执行新制度后，应当至少按月将基建账中支出类相关科目的发生额按照以下方法并入“大账”：

根据新制度规定的支出确认原则，对基建账中相关科目本期发生额进行分析计算，按照计算出的数额，借记“大账”中“经费支出”科目。

行政单位如有从“大账”中“经费支出”科目列支转入基建账的资金，还应当在并账后将已列支金额部分予以冲销，借记“其他收入”科目，贷记“经费支出”科目。如果行政单位已在“大账”中核算基建资金收支的，不再按照本规定进行基建资金收支的并账处理。

第六章　净资产

第一节　净资产概述

一、净资产的定义与分类

（一）净资产的定义

净资产是指企业所有，并可以自由支配的资产。行政单位净资产是指行政单位资产扣除负债后的余额，反映国家和行政单位的资产所有权，包括财政拨款结转、财政拨款结余、其他资金结转结余、资产基金、待偿债净资产等。

（二）收入的分类

财政拨款结转是指行政单位当年预算已执行但尚未完成，或因故未执行，下一年度需要按照原用途继续使用的财政拨款滚存资金。

财政拨款结余是指行政单位当年预算工作目标已完成，或因故终止，剩余的财政拨款滚存资金。

其他资金结转结余是指行政单位除财政拨款收支以外的各项收支相抵后剩余的滚存资金。

资产基金是指行政单位的非货币性资产在净资产中占用的金额，如预付账款、存货、固定资产、在建工程、无形资产等。

待偿债净资产是指行政单位因发生应付账款和长期应付款而相应需在净资产中冲减的金额。

二、净资产类会计科目

行政单位会计核算适用的净资产类会计科目如表 6－1 所示。

表6－1　行政单位会计核算净资产类会计科目

序号	科目编号	会计科目名称
26	3001	财政拨款结转
27	3002	财政拨款结余
28	3101	其他资金结转结余
29	3501	资产基金
	350101	预付款项
	350111	存货
	350121	固定资产
	350131	在建工程
	350141	无形资产
	350151	政府储备物资
	350152	公共基础设施
30	3502	待偿债净资产

第二节　财政拨款结转

一、财政拨款结转的定义与范围

财政拨款结转是指行政单位当年预算已执行但尚未完成，或因故未执行，下一年度需要按照原用途继续使用的财政拨款滚存资金。

根据行政单位支出可以分为基本支出和项目支出，财政拨款结转也可以分为基本支出结转和项目支出结转。其中基本支出结转是指财政单位的财政基本支出拨款与基本经费支出相抵后结转的资金余额，项目支出结转是指财政单位的项目支出拨款与项目经费支出相抵后结转的资金余额。

根据《行政单位财务规则》规定，结转资金是指当年预算已执行但未完成，或者因故未执行，下一年度需要按照原用途继续使用的资金，财政拨款结转的管理，应当按照同级财政部门的规定执行。

二、财政拨款结转科目的设置

根据《行政单位会计制度》规定，行政单位应当设置“财政拨款结转”科目，核算行政单位滚存的财政拨款结转资金，包括基本支出结转、项目支出结转。本科目应当设置“基本支出结转”、“项目支出结转”两个明细科目；在“基本支出结转”明细科目下按照“人员经费”和“日常公用经费”进行明细核算，在“项目支出结转”明细科目下按照具体项目进行明细核算；本科目还应当按照《政府收支分类科目》中“支出功能分类科目”的项级科目进行明细核算。

有公共财政预算拨款、政府性基金预算拨款等两种或两种以上财政拨款的行政单位，还应当按照财政拨款种类分别进行明细核算。

本科目还可以根据管理需要按照财政拨款结转变动原因，设置“收支转账”、“结余转账”、“年初余额调整”、“归集上缴”、“归集调入”、“单位内部调剂”、“剩余结转”等明细科目，进行明细核算。

“财政拨款结转”科目借方反映实际调减财政拨款结转的金额、上缴财政拨款结转资金或者结转财政拨款支出的金额等；贷方反映调增财政拨款结转的金额、从其他单位调入财政拨款结余资金或者结转财政拨款收入的金额等；该科目期末为贷方余额，反映行政单位滚存的财政拨款结转资金的数额。

三、财政拨款结转的会计核算

（一）调整以前年度财政拨款结转

因发生差错更正，以前年度支出收回等原因，需要调整财政拨款结转的，按照实际调增财政拨款结转的金额，借记有关科目，贷记本科目（年初余额调整）；按照实际调减财政拨款结转的金额，借记本科目（年初余额调整），贷记有关科目。

（二）从其他单位调入财政拨款结余资金

按照规定从其他单位调入财政拨款结余资金时，按照实际调增的额度数额或调入的资金数额，借记“零余额账户用款额度”、“银行存款”等科目，贷记本科目（归集调入）及其明细。

（三）上缴财政拨款结转

按照规定上缴财政拨款结转资金时，按照实际核销的额度数额或上缴的资金数额，借记本科目（归集上缴）及其明细，贷记“财政应返还额度”、“零余额账户用款额度”、“银行存款”等科目。

（四）单位内部调剂结余资金

经财政部门批准对财政拨款结余资金改变用途，调整用于其他未完成项目等，按照调整的金额，借记“财政拨款结余”科目（单位内部调剂）及其明细，贷记本科目（单位内部调剂）及其明细。

（五）结转本年财政拨款收入和支出

1. 年末，将财政拨款收入本年发生额转入本科目，借记“财政拨款收入——基本支出拨款、项目支出拨款”科目及其明细，贷记本科目（收支转账——基本支出结转、项目支出结转）及其明细。

2. 年末，将财政拨款支出本年发生额转入本科目，借记本科目（收支转账——基本支出结转、项目支出结转）及其明细，贷记“经费支出——财政拨款支出——基本支出、项目支出”科目及其明细。

（六）将完成项目的结转资金转入财政拨款结余

年末完成上述财政拨款收支转账后，对各项目执行情况进行分析，按照有关规定将符合财政拨款结余性质的项目余额转入财政拨款结余，借记本科目（结余转账——项目支出结转）及其明细，贷记“财政拨款结余”（结余转账——项目支出结余）科目及其明细。

（七）年末冲销有关明细科目余额

年末收支转账后，将本科目所属“收支转账”、“结余转账”、“年初余额调整”、“归集上缴”、“归集调入”、“单位内部调剂”等明细科目余额转入“剩余结转”明细科目；转账后，本科目除“剩余结转”明细科目外，其他明细科目应无余额。

【例6－1】某行政单位在2013年度发生以下与净资产相关的业务：

（1）2月由于质量问题将上年用财政应返还额度购买的部分办公设备退回，共收回以前年度支出35 000元；

（2）3月收到其他单位调入的财政拨款结余资金200 000元；

（3）4月按照规定上缴财政拨款结转资金75 000元；

（4）5月经过财政部门的批准，将财政拨款结余50 000元改变用途，用于其他未完成项目；

（5）年末进行结账，部门相关收支账户的余额情况如下：“财政拨款收入——基本支出拨款”科目贷方余额4 500 000元、“财政拨款收入——项目支出拨款”科目贷方余额为1 000 000元；“经费支出——财政拨款支出（基本支出）”科目借方余额3 000 000元、“经费支出——财政拨款支出（项目支出）”科目借方余额500 000元；

（6）年末对各项目的执行情况进行分析，按照规定将符合财政拨款结余资金性质的项目余额30 000元转入财政拨款结余；

（7）12月31日将财政拨款结转明细科目的余额全部转入“剩余结转”明细科目。

该行政单位在2013年应作如下会计处理：

（1）2月调整以前年度财政拨款结转

借：财政应返还额度　　35 000

　　贷：财政拨款结转——年初余额调整　　35 000

（2）3月从其他单位调入财政拨款结余资金

借：零余额账户用款额度/银行存款　　200 000

贷：财政拨款结转——归集调入　200 000

(3) 4月上缴财政拨款结转

借：财政拨款结转——归集上缴　75 000

贷：零余额账户用款额度/银行存款　75 000

(4) 5月单位内部调剂结余资金

借：财政拨款结余——单位内部调剂　50 000

贷：财政拨款结转——单位内部调剂　50 000

(5) 年末结转本年财政拨款收入和支出

借：财政拨款收入——基本支出拨款　4 500 000

——项目支出拨款　1 000 000

贷：财政拨款结转——收支转账（基本支出结转）　4 500 000

——收支转账（项目支出结转）　1 000 000

借：财政拨款结转——收支转账（基本支出结转）　3 000 000

——收支转账（项目支出结转）　500 000

贷：经费支出——财政拨款支出（基本支出）　3 000 000

——财政拨款支出（项目支出）　500 000

(6) 将完成项目的结转资金转入财政拨款结余

借：财政拨款结转——结余转账（项目支出结转）　30 000

贷：财政拨款结余——结余转账（项目支出结余）　30 000

(7) 年末冲销有关明细科目余额

借：财政拨款结转——年初余额调整　35 000

——归集调入　200 000

——单位内部调剂　50 000

——收支转账（基本支出结转）　4 500 000

——收支转账（项目支出结转）　1 000 000

贷：财政拨款结转——剩余结转　5 785 000

借：财政拨款结转——剩余结转　3 605 000

贷：财政拨款结转——归集上缴　75 000

——收支转账（基本支出结转）　3 000 000

——收支转账（项目支出结转）　500 000

——结余转账（项目支出结转）　30 000

第三节 财政拨款结余

一、财政拨款结余的定义与范围

财政拨款结余是指行政单位当年预算工作目标已完成，或因故终止，剩余的财政拨款滚存资金。根据《行政单位财务规则》规定，结余资金，是指当年预算工作目标已完成，或者因故终止，当年剩余的资金；结转资金在规定使用年限未使用或者未使用完的，视为结余资金。财政拨款结余的管理，应当按照同级财政部门的规定执行。

二、财政拨款结余科目的设置

根据《行政单位会计制度》规定，行政单位应当设置“财政拨款结余”科目，对行政单位滚存的财政拨款项目支出结余资金进行核算。本科目应当按照具体项目、《政府收支分类科目》中“支出功能分类科目”的项级科目等进行明细核算。

有公共财政预算拨款、政府性基金预算拨款等两种或两种以上财政拨款的行政单位，还应当按照财政拨款的种类分别进行明细核算。

本科目还可以根据管理需要按照财政拨款结余变动原因，设置“结余转账”、“年初余额调整”、“归集上缴”、“单位内部调剂”、“剩余结余”等明细科目，进行明细核算。

“财政拨款结余”科目借方反映调减财政拨款结余的金额、上缴财政拨款结余的金额等；贷方反映调增财政拨款结余的金额、将完成项目的结转资金转入财政拨款结余的金额等；该科目期末为贷方余额，反映行政单位滚存的财政拨款结余资金数额。

三、财政拨款结余的会计核算

（一）调整以前年度财政拨款结余

因发生差错更正、以前年度支出收回等原因，需要调整财政拨款结余的，按照实际调增财政拨款结余的金额，借记有关科目，贷记本科目（年初余额调整）；按照实际调减财政拨款结余的金额，借记本科目（年初余额调整），贷记有关科目。

（二）上缴财政拨款结余

按照规定上缴财政拨款结余时，按照实际核销的额度数额或上缴的资金数额，借记本科目（归集上缴）及其明细，贷记“财政应返还额度”、“零余额账户用款额度”、“银行存款”等科目。

（三）单位内部调剂结余资金

经财政部门批准将本单位完成项目结余资金调整用于基本支出或其他未完成项目支

出时，按照批准调剂的金额，借记本科目（单位内部调剂）及其明细，贷记“财政拨款结转”（单位内部调剂）科目及其明细。

（四）将完成项目的结转资金转入财政拨款结余

年末，对财政拨款各项目执行情况进行分析，按照有关规定将符合财政拨款结余性质的项目余额转入本科目，借记“财政拨款结转”（结余转账——项目支出结转）科目及其明细，贷记本科目（结余转账——项目支出结余）及其明细。

（五）年末冲销有关明细科目余额

年末，将本科目所属“结余转账”、“年初余额调整”、“归集上缴”、“单位内部调剂”等明细科目余额转入“剩余结余”明细科目；转账后，本科目除“剩余结余”明细科目外，其他明细科目应无余额。

【例6-2】某行政单位在2013年度发生以下与净资产相关的业务：

（1）1月份收回以前年度已经核销的一笔金额为25 000元的预付账款；

（2）3月按照规定上缴财政拨款结余资金10 000元；

（3）4月经过财政部门的批准，将完成项目结余资金50 000元调整用于基本支出；

（4）12月31日对各项目的执行情况进行分析，按照规定将符合财政结余资金性质的项目余额50 000元转入财政拨款结余；

（5）12月31日将财政拨款结余明细科目的余额全部转入“剩余结余”明细科目。

该行政单位在2013年应作如下会计处理：

（1）1月调整以前年度财政拨款结余

借：零余额账户用款额度/银行存款　25 000

　　贷：财政拨款结转——年初余额调整　25 000

借：资产基金——预付款项　25 000

　　贷：预付账款　25 000

（2）3月上缴财政拨款结余

借：财政拨款结余——归集上缴　10 000

　　贷：零余额账户用款额度/银行存款　10 000

（3）4月单位内部调剂结余资金

借：财政拨款结余——单位内部调剂　50 000

　　贷：财政拨款结转——单位内部调剂（基本支出）　50 000

（4）将完成项目的结转资金转入财政拨款结余

借：财政拨款结转——结余转账（项目支出结转）　50 000

　　贷：财政拨款结余——结余转账（项目支出结余）　50 000

（5）年末冲销有关明细科目余额

借：财政拨款结转——年初余额调整　25 000

财政拨款结余——结余转账（项目支出结余） 50 000
贷：财政拨款结余——剩余结余 75 000
借：财政拨款结余——剩余结余 60 000
贷：财政拨款结余——归集上缴 10 000
——单位内部调剂 50 000

第四节 其他资金结转结余

一、其他资金结转结余的定义

其他资金结转结余是指行政单位除财政拨款收支以外的各项收支相抵后剩余的滚存资金。

二、其他资金结转结余科目的设置

根据《行政单位会计制度》规定，行政单位应当设置“财政拨款结转”科目，核算行政单位除财政拨款收支以外的其他各项收支相抵后剩余的滚存资金。本科目应当设置“项目结转”和“非项目结余”明细科目，分别对项目资金和非项目资金进行明细核算。对于项目结转，还应当按照具体项目进行明细核算。

本科目还可以根据管理需要按照其他资金结转结余变动原因，设置“收支转账”、“年初余额调整”、“结余调剂”、“剩余结转结余”等明细科目，进行明细核算。

“其他资金结转结余”科目借方反映转出其他资金支出中的项目支出本年发生额、需要缴回原项目资金出资单位的金额等；贷方反映转出其他收入中的项目资金收入本年发生额等；该科目期末为贷方余额，反映行政单位滚存的各项非财政拨款资金结转结余数额。

三、其他资金结转结余的会计核算

（一）调整以前年度其他资金结转结余

因发生差错更正、以前年度支出收回等原因，需要调整其他资金结转结余的，按照实际调增的金额，借记有关科目，贷记本科目（年初余额调整）及其相关明细；按照实际调减的金额，借记本科目（年初余额调整）及其相关明细，贷记有关科目。

（二）结转本年其他资金收入和支出

1. 年末，将其他收入中的项目资金收入本年发生额转入本科目，借记“其他收入”

科目及其明细，贷记本科目（项目结转——收支转账）及其明细；将其他收入中的非项目资金收入本年发生额转入本科目，借记“其他收入”科目及其明细，贷记本科目（非项目结余——收支转账）。

2. 年末，将其他资金支出中的项目支出本年发生额转入本科目，借记本科目（项目结转——收支转账）及其明细，贷记“经费支出——其他资金支出”科目（项目支出）及其明细、“拨出经费”科目（项目支出）及其明细；将其他资金支出中的基本支出本年发生额转入本科目，借记本科目（非项目结余——收支转账），贷记“经费支出——其他资金支出”科目（基本支出）、“拨出经费”科目（基本支出）。

（三）缴回或转出项目结余

完成上述（二）转账后，对本年末各项目执行情况进行分析，区分年末已完成项目和尚未完成项目，在此基础上，对完成项目的剩余资金根据不同情况进行账务处理：

1. 需要缴回原项目资金出资单位的，按照缴回的金额，借记本科目（项目结转——结余调剂）及其明细，贷记“银行存款”、“其他应付款”等科目。

2. 将项目剩余资金留归本单位用于其他非项目用途的，按照剩余的项目资金金额，借记本科目（项目结转——结余调剂）及其明细，贷记本科目（非项目结余——结余调剂）。

（四）用非项目资金结余补充项目资金

按照实际补充项目资金的金额，借记本科目（非项目结余——结余调剂），贷记本科目（项目结转——结余调剂）及其明细。

（五）年末冲销有关明细科目余额

年末收支转账后，将本科目所属“收支转账”、“年初余额调整”、“结余调剂”等明细科目余额转入“剩余结转结余”明细科目；转账后，本科目除“剩余结转结余”明细科目外，其他明细科目应无余额。本科目期末贷方余额，反映行政单位滚存的各项非财政拨款资金结转结余数额。

【例6－3】某行政单位在2013年度发生以下与净资产相关的业务：

（1）1月收回以前年度的预付账款退款10 000元，需要对其他资金结余进行调整。

（2）年末进行结账，部门相关收支账户的余额情况如下：“其他收入——项目资金收入”科目贷方余额1 500 000元、“其他收入——非项目资金收入”科目贷方余额750 000元；“经费支出——其他资金支出（基本支出）”科目借方余额为1 250 000元、“经费支出——其他资金支出（项目支出）”科目借方余额为600 000元。

（3）年末对各项目的执行情况进行分析，发现以下情况：甲项目需要向原项目资金出资单位缴回30 000元，此笔款项还未支付、乙项目剩余资金23 000元留归该行政单位用于其他非项目用途、丙项目中17 000元由该行政单位用非项目资金进行补充。

（4）12月31日将其他资金结转结余明细科目的余额全部转入“剩余结转结余”科目。

该行政单位在2013年应作如下会计处理：

(1) 1月调整以前年度其他资金结转结余。

借：零余额账户用款额度/银行存款 10 000

　　贷：其他资金结转结余——年初余额调整 10 000

借：资产基金——预付款项 10 000

　　贷：预付账款 10 000

(2) 年末结转本年其他收入和支出。

借：其他收入——项目资金收入 1 500 000

　　　　　　——非项目资金收入 750 000

　　贷：其他资金结转结余——项目结转（收支转账） 1 500 000

　　　　　　　　　　　　——非项目结余（收支转账） 750 000

借：其他资金结转结余——非项目结转（收支转账） 1 250 000

　　　　　　　　　　——项目结余（收支转账） 600 000

　　贷：经费支出——其他资金支出（基本支出） 1 250 000

　　　　　　　　——其他资金支出（项目支出） 600 000

(3) 缴回或转出项目结余。

甲项目：

借：其他资金结转结余——项目结转（结余调剂） 30 000

　　贷：其他应付款 30 000

乙项目：

借：其他资金结转结余——项目结转（结余调剂） 23 000

　　贷：其他资金结转结余——非项目结余（结余调剂） 23 000

丙项目：

借：其他资金结转结余——非项目结余（结余调剂） 17 000

　　贷：其他资金结转结余——项目结转（结余调剂） 17 000

(4) 年末冲销相关明细科目余额。

借：其他资金结转结余——年初余额调整 10 000

　　　　　　　　　　——项目结转（收支转账） 1 500 000

　　　　　　　　　　——非项目结余（收支转账） 750 000

　　　　　　　　　　——非项目结余（结余调剂） 23 000

　　　　　　　　　　——项目结转（结余调剂） 17 000

　　贷：其他资金结转结余——剩余结转结余 2 300 000

借：其他资金结转结余——剩余结转结余 1 920 000

　　贷：其他资金结转结余——非项目结转（收支转账） 1 250 000

——项目结余（收支转账）	600 000
——项目结转（结余调剂）	30 000
——项目结转（结余调剂）	23 000
——非项目结余（结余调剂）	17 000

第五节　资产基金

一、资产基金的定义与范围

资产基金是指行政单位的非货币性资产在净资产中占用的金额，如预付账款、存货、固定资产、在建工程、无形资产等。

二、资产基金科目的设置

根据《行政单位会计制度》规定，行政单位应当设置“财政拨款结转”科目，核算行政单位的预付账款、存货、固定资产、在建工程、无形资产、政府储备物资、公共基础设施等非货币性资产在净资产中占用的金额。本科目应当设置“预付款项”、“存货”、“固定资产”、“在建工程”、“无形资产”、“政府储备物资”、“公共基础设施”等明细科目，进行明细核算。

“资产基金”科目借方反映领用和发出相关非货币性资产的金额和计提固定资产折旧、公共基础设施折旧、无形资产摊销的金额等；贷方反映取得非货币性资产的成本金额等；该科目期末为贷方余额，反映行政单位的非货币性资产在净资产中占用的金额。

三、资产基金的会计核算

（一）发生预付账款，取得存货、固定资产、在建工程、无形资产、政府储备物资、公共基础设施等非货币性资产

资产基金应当在发生预付账款，取得存货、固定资产、在建工程、无形资产、政府储备物资、公共基础设施时确认。

1. 发生预付账款时，按照实际发生的金额，借记“预付账款”科目，贷记本科目（预付款项）；同时，按照实际支付的金额，借记“经费支出”科目，贷记“财政拨款收入”、“零余额账户用款额度”、“银行存款”等科目。

2. 取得存货、固定资产、在建工程、无形资产、政府储备物资、公共基础设施等资产时，按照取得资产的成本，借记“存货”、“固定资产”、“在建工程”、“无形资产”、

"政府储备物资"、"公共基础设施"等科目，贷记本科目（存货、固定资产、在建工程、无形资产、政府储备物资、公共基础设施）；同时，按照实际发生的支出，借记"经费支出"科目，贷记"财政拨款收入"、"零余额账户用款额度"、"银行存款"等科目。

（二）收到预付账款购买的物资或服务

行政单位在收到预付账款购买的物资或服务时，应当相应冲减资产基金，按照相应的预付账款金额，借记本科目（预付款项），贷记"预付账款"科目。

（三）领用和发出存货、政府储备物资

行政单位在领用和发出存货、政府储备物资时，应该按照领用和发出存货、政府储备物资的成本，相应冲减资产基金，借记本科目（存货、政府储备物资），贷记"存货"、"政府储备物资"科目。

（四）计提固定资产折旧、公共基础设施折旧、无形资产摊销

行政单位在计提固定资产折旧、公共基础设施折旧、无形资产摊销时，按照计提的折旧、摊销金额，冲减资产基金，借记本科目（固定资产、公共基础设施、无形资产），贷记"累计折旧"、"累计摊销"科目。

（五）无偿调出、对外捐赠存货、固定资产、无形资产、政府储备物资、公共基础设施

行政单位无偿调出、对外捐赠存货、固定资产、无形资产、政府储备物资、公共基础设施时，应当冲减该资产对应的资产基金。

1. 无偿调出、对外捐赠存货、政府储备物资时，按照存货、政府储备物资的账面余额，借记本科目及其明细，贷记"存货"、"政府储备物资"等科目。

2. 无偿调出、对外捐赠固定资产、公共基础设施、无形资产时，按照相关固定资产、公共基础设施、无形资产的账面价值，借记本科目及其明细，按照已计提折旧、已计提摊销的金额，借记"累计折旧"、"累计摊销"科目，按照固定资产、公共基础设施、无形资产的账面余额，贷记"固定资产"、"公共基础设施"、"无形资产"科目。

（六）通过"待处理财产损溢"科目核算的资产处置，有关本科目的账务处理参见"待处理财产损溢"科目

【例6－4】某行政单位在2013年发生以下业务：

（1）1月购买一批价值35 000元的物资，当月未收到该批物资，已经支付了相应货款。

（2）2月由于办公需要，购入了一批办公用电脑立即投入使用，共120 000元，使用年限为5年，采用年限平均法计提固定资产折旧。在当月采购了一套新的系统软件以匹配新电脑，价值72 000元，按受益年限5年作为摊销年限，采用年限评价法计提无形资产摊销。2月底收到1月购买的物资。

（3）3月采购一批材料，价值10 000元。

（4）4 月相关部门领用了上月购买的部分材料，价值 3 000 元。

（5）5 月按照规定经批准后，无偿调出一批价值为 15 000 元的储备物资，并且对外捐赠一批账面原值 54 000 元的电脑，已经计提折旧 5 400 元折旧。

（6）12 月对存货进行盘点时，发现一批价值 3 000 元的存货丢失，经调查后按照规定报经批准后予以处理。

该行政单位应作如下会计处理：

（1）1 月购买物资，发生预付账款

借：预付账款　　35 000

　　贷：资产基金——预付款项　　35 000

借：经费支出　　35 000

　　贷：零余额账户用款额度/银行存款　　35 000

（2）2 月收到预付账款购买的物资

借：资产基金——预付款项　　35 000

　　贷：预付账款　　35 000

借：存货　　35 000

　　贷：资产基金——存货　　35 000

2 月购买办公电脑时：

借：固定资产　　120 000

　　贷：资产基金——固定资产　　120 000

借：经费支出　　120 000

　　贷：零余额账户用款额度/银行存款　　120 000

3 月开始对办公电脑进行折旧时：

借：资产基金——固定资产　　2 000

　　贷：累计折旧　　2 000

2 月购买系统软件时：

借：无形资产　　70 000

　　贷：资产基金——无形资产　　70 000

借：经费支出　　72 000

　　贷：零余额账户用款额度/银行存款　　72 000

2 月开始对系统软件进行摊销时：

借：资产基金——无形资产　　1 200

　　贷：累计摊销　　1 200

（3）3 月购入材料

借：存货　　10 000

贷：资产基金——存货　10 000

借：经费支出　10 000

贷：零余额账户用款额度/银行存款　10 000

(4) 4月领用3月购买的部分材料

借：资产基金——存货　3 000

贷：存货　3 000

(5) 5月无偿调出储备物资和对外捐赠固定资产

借：资产基金——政府储备物资　15 000

贷：政府储备物资　15 000

借：资产基金——固定资产　48 600

累计折旧　5 400

贷：固定资产　54 000

(6) 12月盘点存货

借：待处理财产损溢　3000

贷：存货　3 000

借：资产基金——存货　3000

贷：待处理财产损溢　3000

第六节　待偿债净资产

一、待偿债净资产的定义与范围

待偿债净资产是指行政单位因发生应付账款和长期应付款而相应需在净资产中冲减的金额，表示需要对结转结余资金抵减的净资产。

二、待偿债净资产科目的设置

根据《行政单位会计制度》规定，行政单位应当设置“待偿债净资产”科目，核算行政单位因发生应付账款和长期应付款而相应需在净资产中冲减的金额。

“待偿债净资产”科目借方反映实际发生应付账款、长期应付款的金额；贷方反映偿付应付账款、长期应付款的金额或者核销确定无法支付的应付账款、长期应付款金额；该科目期末为借方余额，反映行政单位因发生应付账款和长期应付款需相应冲减净资产的金额。

三、待偿债净资产的会计核算

（一）发生应付账款、长期应付款

行政单位应按照实际发生的金额，借记本科目，贷记“应付账款”、“长期应付款”等科目。

（二）偿付应付账款、长期应付款

行政单位应按照实际偿付的金额，借记“应付账款”、“长期应付款”等科目，贷记本科目；同时，按照实际支付的金额，借记“经费支出”科目，贷记“财政拨款收入”、“零余额账户用款额度”、“银行存款”等科目。

（三）核销应付账款、长期应付款

因债权人原因，核销确定无法支付的应付账款、长期应付款时，行政单位应按照报经批准核销的金额，借记“应付账款”、“长期应付款”科目，贷记本科目。

【例6-5】2013年3月某行政单位出于办公需要采购了一批计算机和存货，价值分别为235 000元和20 000元，3月底已经收到但未支付相应货款。该行政单位已经于4月份用零余额账户用款额度支付了购买计算机的货款，但是由于存货供应商无法联系，该笔货款一直未予支付。应作如下会计处理：

发生应付账款时：

借：待偿债净资产	255 000	
贷：应付账款		255 000

偿付应付账款时：

借：应付账款	235 000	
贷：待偿债净资产		235 000
借：经费支出	235 000	
贷：零余额账户用款额度		235 000

核销无法支付的应付账款时：

借：应付账款	20 000	
贷：待偿债净资产		20 000

第七节 新旧制度净资产核算的变化

一、新旧制度净资产核算会计科目的变化

（一）新旧制度净资产核算会计科目的对比

新旧行政单位会计制度净资产核算会计科目对比见表6－2。

表6－2 新旧行政单位会计制度净资产核算会计科目对照表

新行政单位会计制度会计科目（净资产类）		旧行政单位会计制度会计科目及补充规定会计科目（净资产类）	
科目编号	会计科目名称	科目编号	会计科目名称
3001	财政拨款结转 基本支出结转 人员经费 日常公用经费 项目支出结转	303	结余
3002	财政拨款结余		
3101	其他资金结转结余 项目结余 非项目结余	303	结余 经常性结余 专项结余
3501	资产基金		
350101	预付款项	303	结余
350111	存货	303 301	结余 固定基金
350121	固定资产	301	固定基金
350131	在建工程		
350141	无形资产	301	固定基金
350151	政府储备物资	303	结余
350152	公共基础设施	301	固定基金
3502	待偿债净资产		

（二）新旧制度净资产核算会计科目的调整

新行政单位会计制度净资产核算科目主要做了以下调整：

1. 核算内容变化的会计科目。

以下科目的核算内容发生了变化：

“固定基金”科目：名称由“固定基金”更换为“资产基金”，用于反映行政单位的非货币性资产在净资产中占用的金额。新《行政单位会计制度》增加了固定资产折旧和无形资产摊销的会计处理，规定在计提相关折旧和摊销时冲减相关净资产，而非计入当期支出。

2. 取消的会计科目。

以下科目在新行政单位会计制度中取消或被替代：

“结余”科目：新制度按照原“结余”核算的内容分别归类于“财政拨款结转”科目、“财政拨款结余”科目和“其他资金结转结余”科目中，原“结余”科目取消。

3. 新增的会计科目。

以下科目属于新行政单位会计制度中新增的会计科目：

（1）“财政拨款结转”科目：用于核算原“结余”科目中行政单位当年预算已执行但尚未完成，或因故未执行，下一年度需要按照原用途继续使用的财政拨款滚存资金。

（2）“财政拨款结余”科目：用于核算原“结余”科目中行政单位当年预算工作目标已完成，或因故终止，剩余的财政拨款滚存资金。

（3）“其他资金结转结余”科目：用于核算原“结余”科目中行政单位除财政拨款收支以外的各项收支相抵后剩余的滚存资金。

（4）“待偿债净资产”科目：用于核算原“结余”科目中行政单位因发生应付账款和长期应付款而相应需在净资产中冲减的金额，防止属于净资产的结转结余由于负债推迟了支出的发生而虚增。

二、净资产类会计科目新旧制度的衔接

行政单位应该按照《新旧行政单位会计制度有关衔接问题的处理规定》（财库［2013］219号）进行新旧会计制度的衔接。

（一）将原账科目余额转入新账

1. “结余”科目。

新制度未设置“结余”科目，但设置了“财政拨款结转”、“财政拨款结余”和“其他资金结转结余”科目。转账时，应对原账中“结余”科目的余额（扣除转入新账中“资产基金——预付款项、存货、政府储备物资”科目金额）进行分析：对属于新制度下财政拨款结转的余额转入新账中“财政拨款结转”科目；对属于新制度下财政拨款结余

的余额转入新账中“财政拨款结余”科目；将剩余余额转入新账中“其他资金结转结余”科目。

2. “固定基金”科目。

新制度未设置“固定基金”科目，但设置了“资产基金”科目。转账时，应当参照原账中“固定资产”科目的转账规定，相应地将原账中“固定基金”科目的余额，分别转入新账中“资产基金——存货”、“资产基金——固定资产”、“资产基金——无形资产”和“资产基金——公共基础设施”科目。

（二）将行政单位基建账相关数据并入按照新制度规定设置的会计账

1. 将2013年12月31日基建账中相关科目余额按照以下方法并入“大账”。

按照基建账中“应付器材款”、“应付工程款”、“应付有偿调入器材及工程款”、“应付票据”、“基建投资借款”、“其他借款”、“上级拨入投资借款”科目贷方余额减去尚未使用的借款金额（实行贷转存办法）后的差额，借记“大账”中“待偿债净资产”科目。

按照基建账中“固定资产”科目借方余额和“累计折旧”科目贷方余额的差额，贷记“大账”中“资产基金——固定资产”科目。

按照基建账中“建筑安装工程投资”、“设备投资”、“待摊投资”、“其他投资”、“器材采购”、“采购保管费”、“库存设备”、“库存材料”、“材料成本差异”、“委托加工器材”、“预付备料款”、“预付工程款”科目借方余额，贷记“大账”中“资产基金——在建工程”科目。

按照基建账中“基建拨款”、“留成收入”科目余额中归属于同级财政拨款结转的部分，贷记“大账”中“财政拨款结转”科目。

按照基建账中“留成收入”科目余额中归属于同级财政拨款结余的部分，贷记“大账”中“财政拨款结余”科目。按照上述“大账”科目的借方合计金额减去贷方合计金额后的差额，贷记或借记“大账”中“其他资金结转结余”科目。

2. 行政单位执行新制度后，应当至少按月将基建账中相关科目的发生额按照以下方法并入“大账”。

根据“大账”科目和基建账科目的对应关系，按照基建账中相关科目本期发生额的借方净额，借记“大账”中的对应科目；按照基建账中相关科目本期发生额的贷方净额，贷记“大账”中的对应科目。

对于当期发生基本建设结余资金交回业务的，根据基建账中“基建拨款”科目本期借方发生额中归属于同级财政拨款的部分，借记“大账”中“财政拨款结转”或“财政拨款结余”科目；其余部分，借记“大账”中“其他资金结转结余”科目。

表 6－3　行政单位“大账”和基建账会计科目对照表

<table>
<tr><th colspan="2">“大账”科目（净资产类）</th><th colspan="2">基建账科目（净资产类）</th></tr>
<tr><th>科目编号</th><th>会计科目名称</th><th>科目编号</th><th>会计科目名称</th></tr>
<tr><td rowspan="3">3001</td><td rowspan="3">财政拨款结转</td><td>301</td><td>基建拨款（贷方余额中归属于同级财政拨款结转的资金）</td></tr>
<tr><td>301</td><td>基建拨款（本期借方发生额中属于交回同级财政的结余资金）</td></tr>
<tr><td>401</td><td>留成收入（属于同级财政拨款形成的部分）</td></tr>
<tr><td rowspan="2">3002</td><td rowspan="2">财政拨款结余</td><td>301</td><td>基建拨款（本期借方发生额中属于交回同级财政的结余资金）</td></tr>
<tr><td>401</td><td>留成收入（属于同级财政拨款形成的部分）</td></tr>
<tr><td rowspan="2">3101</td><td rowspan="2">其他资金结转结余</td><td>301</td><td>基建拨款（本期借方发生额中属于交回的非同级财政结余资金）</td></tr>
<tr><td>401</td><td>留成收入（属于非同级财政拨款形成的部分）</td></tr>
<tr><td>3501
350121
350131</td><td>资产基金
固定资产
在建工程</td><td rowspan="2"></td><td rowspan="2">（根据相关科目分析计算）</td></tr>
<tr><td>3502</td><td>待偿债净资产</td></tr>
</table>

第七章　财务报表

第一节　财务报表概述

一、财务报表的定义和分类

（一）财务报表的定义

财务报表是反映行政单位财务状况和预算执行结果等的书面文件，由会计报表及其附注构成。会计报表包括资产负债表、收入支出表、财政拨款收入支出表等。

（二）财务报表的分类

1. 按照经济活动的内容划分。

行政单位财务报表按照反映的经济活动的内容不同，可以分为资产负债表、收入支出表、财政拨款收入支出表和附注。

2. 按照编报的时间划分。

行政单位财务报表按照编报的时间不同，可以分为月报、季报和年报。月报，是反映行政单位截止报告月度资金活动和经费收支情况的报表。月报要求编报收入支出表。季报，是分析、检查行政单位季度资金活动情况和经费收支情况的报表，应在月报的基础上较详细地反映单位经费收支的全貌。年报（年度决算），是全面反映年度资金活动和经费收支执行结果的报表。行政单位年报的内容包括资产负债表、收入支出表、财政拨款收入支出表和附注。

3. 按照编报的层级划分。

行政单位财务报表按照编报的层级不同，可以分为本级报表和汇总报表。本级报表是反映各单位预算执行情况和资金活动情况的报表。汇总报表是各主管部门对本单位和所属单位的报表进行汇总后编制的报表。基层会计单位，只编本级会计报表；二级单位和主管会计单位，要先编本级报表，然后编报汇总的报表。

二、财务报表编制的规定

行政单位应当按照下列规定编制财务报表：

（一）行政单位资产负债表、财政拨款收入支出表和附注应当至少按照年度编制，收入支出表应当按照月度和年度编制。

（二）行政单位应当根据本制度编制并提供真实、完整的财务报表。行政单位不得违反规定，随意改变本制度规定的会计报表格式、编制依据和方法，不得随意改变本制度规定的会计报表有关数据的会计口径。

（三）行政单位的财务报表应当根据登记完整、核对无误的账簿记录和其他有关资料编制，要做到数字真实、计算准确、内容完整、报送及时。

（四）行政单位财务报表应当由单位负责人和主管会计工作的负责人、会计机构负责人（会计主管人员）签名并盖章。

第二节　资产负债表

一、资产负债表概述

资产负债表是反映行政单位在某一特定日期财务状况的报表。它是行政单位最基本、最重要的财务报表。资产负债表应当按照资产、负债和净资产分类、分项列示。

二、资产负债表的格式

行政单位资产负债表分为对称的左右两部分：左边为资产，右边为负债和净资产。设置资产负债表依据的是行政单位会计恒等式：资产 = 负债 + 净资产。

行政单位资产负债表的格式参见表 7－1。

表 7－1　资产负债表

会行政 01 表

编制单位：　　　　______年____月____日　　　　单位：元

资产	年初余额	期末余额	负债和净资产	年初余额	期末余额
流动资产：			流动负债：		
库存现金			应缴财政款		
银行存款			应缴税费		
财政应返还额度			应付职工薪酬		
应收账款			应付账款		

续表

资产	年初余额	期末余额	负债和净资产	年初余额	期末余额
预付账款			应付政府补贴款		
其他应收款			其他应付款		
存货			一年以内到期的非流动负债		
流动资产合计			流动负债合计		
固定资产			非流动负债：		
固定资产原价			长期应付款		
减：固定资产累计折旧			受托代理负债		
在建工程			负债合计		
无形资产			无形资产原价		
减：累计摊销待处理财产损溢			财政拨款结转		
政府储备物资			财政拨款结余		
公共基础设施			其他资金结转结余		
公共基础设施原价			其中：项目结转		
减：公共基础设施累计折旧			资产基金		
公共基础设施在建工程			待偿债净资产		
受托代理资产			净资产合计		
资产总计			负债和净资产合计		

三、资产负债表的编制说明

（一）“年初余额”的填列

本表“年初余额”栏内各项数字，应当根据上年年末资产负债表“期末余额”栏内数字填列。如果本年度资产负债表规定的各个项目的名称和内容同上年度不相一致，应对上年年末资产负债表各项目的名称和数字按照本年度的规定进行调整，填入本表“年初余额”栏内。

（二）“期末余额”的填列

1. 资产类项目。

（1）“库存现金”项目，反映行政单位期末库存现金的金额。本项目应当根据“库存现金”科目的期末余额填列；期末库存现金中有属于受托代理现金的，本项目应当根据“库存现金”科目的期末余额减去其中属于受托代理的现金金额后的余额填列。

（2）“银行存款”项目，反映行政单位期末银行存款的金额。本项目应当根据“银行存款”科目的期末余额填列；期末银行存款中有属于受托代理存款的，本项目应当根据“银行存款”科目的期末余额减去其中属于受托代理的存款金额后的余额填列。

（3）“财政应返还额度”项目，反映行政单位期末财政应返还额度的金额。本项目应当根据“财政应返还额度”科目的期末余额填列。

（4）“应收账款”项目，反映行政单位期末尚未收回的应收账款金额。本项目应当根据“应收账款”科目的期末余额填列。

（5）“预付账款”项目，反映行政单位预付给物资或者服务提供者款项的金额。本项目应当根据“预付账款”科目的期末余额填列。

（6）“其他应收款”项目，反映行政单位期末尚未收回的其他应收款余额。本项目应当根据“其他应收款”科目的期末余额填列。

（7）“存货”项目，反映行政单位期末为开展业务活动耗用而储存的存货的实际成本。本项目应当根据“存货”科目的期末余额填列。

（8）“固定资产”项目，反映行政单位期末各项固定资产的账面价值。本项目应当根据“固定资产”科目的期末余额减去“累计折旧”科目中“固定资产累计折旧”明细科目的期末余额后的金额填列。

“固定资产原价”项目，反映行政单位期末各项固定资产的原价。本项目应当根据“固定资产”科目的期末余额填列。

“固定资产累计折旧”项目，反映行政单位期末各项固定资产的累计折旧金额。本项目应当根据“累计折旧”科目中“固定资产累计折旧”明细科目的期末余额填列。

（9）“在建工程”项目，反映行政单位期末除公共基础设施在建工程以外的尚未完工交付使用的在建工程的实际成本。本项目应当根据“在建工程”科目中属于非公共基础设施在建工程的期末余额填列。

（10）“无形资产”项目，反映行政单位期末各项无形资产的账面价值。本项目应当根据“无形资产”科目的期末余额减去“累计摊销”科目的期末余额后的金额填列。

“无形资产原价”项目，反映行政单位期末各项无形资产的原价。本项目应当根据“无形资产”科目的期末余额填列。

“累计摊销”项目，反映行政单位期末各项无形资产的累计摊销金额。本项目应当根据“累计摊销”科目的期末余额填列。

（11）“待处理财产损溢”项目，反映行政单位期末待处理财产的价值及处理损溢。本项目应当根据“待处理财产损溢”科目的期末借方余额填列；如“待处理财产损溢”科目期末为贷方余额，则以“-”号填列。

（12）“政府储备物资”项目，反映行政单位期末储存管理的各种政府储备物资的实际成本。本项目应当根据“政府储备物资”科目的期末余额填列。

（13）“公共基础设施”项目，反映行政单位期末占有并直接管理的公共基础设施的账面价值。本项目应当根据“公共基础设施”科目的期末余额减去“累计折旧”科目中“公共基础设施累计折旧”明细科目的期末余额后的金额填列。

“公共基础设施原价”项目，反映行政单位期末占有并直接管理的公共基础设施的原价。本项目应当根据“公共基础设施”科目的期末余额填列。

“公共基础设施累计折旧”项目，反映行政单位期末占有并直接管理的公共基础设施的累计折旧金额。本项目应当根据“累计折旧”科目中“公共基础设施累计折旧”明细科目的期末余额填列。

（14）“公共基础设施在建工程”项目，反映行政单位期末尚未完工交付使用的公共基础设施在建工程的实际成本。本项目应当根据“在建工程”科目中属于公共基础设施在建工程的期末余额填列。

（15）“受托代理资产”项目，反映行政单位期末受托代理资产的价值。本项目应当根据“受托代理资产”科目的期末余额（扣除其中受托储存管理物资的金额）加上“库存现金”、“银行存款”科目中属于受托代理资产的现金余额和银行存款余额的合计数填列。

2. 负债类项目。

（1）“应缴财政款”项目，反映行政单位期末按规定应当上缴财政的款项（应缴税费除外）。本项目应当根据“应缴财政款”科目的期末余额填列。

（2）“应缴税费”项目，反映行政单位期末应缴未缴的各种税费。本项目应当根据“应缴税费”科目的期末贷方余额填列；如“应缴税费”科目期末为借方余额，则以“-”号填列。

（3）“应付职工薪酬”项目，反映行政单位期末尚未支付给职工的各种薪酬。本项目应当根据“应付职工薪酬”科目的期末余额填列。

（4）“应付账款”项目，反映行政单位期末尚未支付的偿还期限在1年以内（含1年）的应付账款的金额。本项目应当根据“应付账款”科目的期末余额填列。

（5）“应付政府补贴款”项目，反映行政单位期末尚未支付的应付政府补贴款的金额。本项目应当根据“应付政府补贴款”科目的期末余额填列。

（6）“其他应付款”项目，反映行政单位期末尚未支付的其他各项应付及暂收款项的金额。本项目应当根据“其他应付款”科目的期末余额填列。

（7）“一年内到期的非流动负债”项目，反映行政单位期末承担的1年以内（含1年）到偿还期的非流动负债。本项目应当根据“长期应付款”等科目的期末余额分析填列。

（8）“长期应付款”项目，反映行政单位期末承担的偿还期限超过1年的应付款项。本项目应当根据“长期应付款”科目的期末余额减去其中1年以内（含1年）到偿还期的长期应付款金额后的余额填列。

（9）“受托代理负债”项目，反映行政单位期末受托代理负债的金额。本项目应当根据“受托代理负债”科目的期末余额（扣除其中受托储存管理物资对应的金额）填列。

3. 净资产类项目。

（1）“财政拨款结转”项目，反映行政单位期末滚存的财政拨款结转资金。本项目应当根据“财政拨款结转”科目的期末余额填列。

（2）“财政拨款结余”项目，反映行政单位期末滚存的财政拨款结余资金。本项目应当根据“财政拨款结余”科目的期末余额填列。

（3）“其他资金结转结余”项目，反映行政单位期末滚存的除财政拨款以外的其他资金结转结余的金额。本项目应当根据“其他资金结转结余”科目的期末余额填列。

“项目结转”项目，反映行政单位期末滚存的非财政拨款未完成项目结转资金。本项目应当根据“其他资金结转结余”科目中“项目结转”明细科目的期末余额填列。

（4）“资产基金”项目，反映行政单位期末预付账款、存货、固定资产、在建工程、无形资产、政府储备物资、公共基础设施等非货币性资产在净资产中占用的金额。本项目应当根据“资产基金”科目的期末余额填列。

（5）“待偿债净资产”项目，反映行政单位期末因应付账款和长期应付款等负债而相应需在净资产中冲减的金额。本项目应当根据“待偿债净资产”科目的期末借方余额以“－”号填列。

（三）按月编制资产负债表的特别规定

行政单位按月编制资产负债表的，应当遵照以下规定编制：

1. 月度资产负债表应在资产部分“银行存款”项目下增加“零余额账户用款额度”项目。

2. “零余额账户用款额度”项目，反映行政单位期末零余额账户用款额度的金额。本项目应当根据“零余额账户用款额度”科目的期末余额填列。

3. “财政拨款结转”项目。本项目应当根据“财政拨款结转”科目的期末余额，加上“财政拨款收入”科目本年累计发生额，减去“经费支出——财政拨款支出”科目本年累计发生额后的余额填列。

4. “其他资金结转结余”项目。本项目应当根据“其他资金结转结余”科目的期末余额，加上“其他收入”科目本年累计发生额，减去“经费支出——其他资金支出”科目本年累计发生额，再减去“拨出经费”科目本年累计发生额后的余额填列。

“项目结转”项目。本项目应当根据“其他资金结转结余”科目中“项目结转”明细科目的期末余额，加上“其他收入”科目中项目收入的本年累计发生额，减去“经费支出——其他资金支出”科目中项目支出本年累计发生额，再减去“拨出经费”科目中项目支出本年累计发生额后的余额填列。

5. 月度资产负债表其他项目的填列方法与年度资产负债表的填列方法相同。

四、资产负债表的编制示例

【例7－1】假设某行政单位2014年1月1日的资产、负债和净资产类的账户余额如表7－2所示。该行政单位2014年资产、负债和净资产类账户的累计发生额如表7－3所示，2014年12月31日的部分资产、负债和净资产类账户余额如表7－4所示。根据以上资料，编制该行政单位2014年度资产负债表如表7－5所示。

表7－2 2014年1月1日某行政单位账户余额

科目名称	借方余额	贷方余额
库存现金	3 000	
银行存款	185 000	
财政应返还额度	95 000	
预付账款	86 000	
其他应收款	7 000	
存货	3 450 000	
固定资产原价	5 600 000	
固定资产累计折旧		2 250 000
无形资产原价	100 000	
累计摊销		6 000
政府储备物资	7 400	
公共基础设施原价	2 765 000	
公共基础设施累计折旧		935 000
应缴财政款		237 000
应缴税费		30 500
应付职工薪酬		86 500
应付账款		74 000
应付政府补贴款		12 000
财政拨款结转		364 500
财政拨款结余		192 500
其他资金结转结余		100 400
其中：项目结转		65 400
资产基金		8 084 000
待偿债净资产	74 000	

表 7－3 2014 年某行政单位账户累计发生额

科目名称	借方累计发生额	贷方累计发生额
库存现金	101 500	99 000
银行存款	384 400	394 600
财政应返还额度	1 237 600	1 111 800
预付账款	30 000	75 000
其他应收款		7 000
存货	569 500	
固定资产原价	500 000	
固定资产累计折旧		740 500
累计摊销		10 000
政府储备物资	175 600	136 000
公共基础设施累计折旧		175 000
应缴财政款	264 000	185 000
应缴税费	31 600	24 300
应付职工薪酬	201 350	167 500
应付账款	24 000	
应付政府补贴款	20 000	9 500

表 7－4 2014 年 12 月 31 日某行政单位账户余额

科目名称	借方余额	贷方余额
财政拨款结转		315 600
财政拨款结余		188 400
其他资金结转结余		101 750
其中：项目结转		54 600
资产基金		8 516 000
待偿债净资产	50 000	

表7－5 资产负债表

会行政01表

编制单位：××× 2014 年12 月31 日 单位：元

资产	年初余额	期末余额	负债和净资产	年初余额	期末余额
流动资产：			流动负债：		
库存现金	3 000	5 500	应缴财政款	237 000	158 000
银行存款	185 000	174 800	应缴税费	30 500	23 200
财政应返还额度	95 000	220 800	应付职工薪酬	86 500	52 650
应收账款	–	–	应付账款	74 000	50 000
预付账款	86 000	41 000	应付政府补贴款	12 000	1 500
其他应收款	7 000	–	其他应付款	–	–
存货	3 450 000	4 019 500	一年以内到期的非流动负债	–	–
流动资产合计	3 826 000	4 461 600	流动负债合计	440 000	285 350
固定资产	3 350 000	3 109 500	非流动负债：		
固定资产原价	5 600 000	6 100 000	长期应付款	–	–
减：固定资产累计折旧	2 250 000	2 990 500	受托代理负债	–	–
在建工程	–	–	负债合计	440 000	285 350
无形资产	94 000	84 000			
无形资产原价	100 000	100 000			
减：累计摊销	6 000	16 000			
待处理财产损溢	–	–	财政拨款结转	364 500	315 600
政府储备物资	7 400	47 000	财政拨款结余	192 500	188 400
公共基础设施	1 830 000	1 655 000	其他资金结转结余	100 400	101 750
公共基础设施原价	2 765 000	2 765 000	其中：项目结转	65 400	54 600
减：公共基础设施累计折旧	935 000	1 110 000	资产基金	8 084 000	8 516 000
公共基础设施在建工程	–	–	待偿债净资产	－74 000	－50 000
受托代理资产	–	–	净资产合计	8 667 400	9 071 750
资产总计	9 107 400	9 357 100	负债和净资产合计	9 107 400	9 357 100

第三节 收入支出表

一、收入支出表概述

收入支出表是反映行政单位在某一会计期间全部预算收支执行结果的报表。收入支出表应当按照收入、支出的构成和结转结余情况分类、分项列示。

二、收入支出表的格式

行政单位收入支出表分为收入、支出和结余三个部分，反映如下收支等式关系：

收入合计 - 支出合计 = 本期收支差额

年初各项资金结转结余 + 各项资金结转结余调整及变动 + 本期收支差额 = 年末各项资金结转结余

行政单位收入支出表的格式参见表 7-6。

表 7-6 收入支出表

会行政 02 表

编制单位： ______年____月 单位：元

项目	本月数	本年累计数
一、年初各项资金结转结余		
（一）年初财政拨款结转结余		
1. 财政拨款结转		
2. 财政拨款结余		
（二）年初其他资金结转结余		
二、各项资金结转结余调整及变动		
（一）财政拨款结转结余调整及变动		
（二）其他资金结转结余调整及变动		
三、收入合计		
（一）财政拨款收入		
1. 基本支出拨款		
2. 项目支出拨款		

续表

项目	本月数	本年累计数
（二）其他资金收入		
1. 非项目收入		
2. 项目收入		
四、支出合计		
（一）财政拨款支出		
1. 基本支出		
2. 项目支出		
（二）其他资金支出		
1. 非项目支出		
2. 项目支出		
五、本期收支差额		
（一）财政拨款收支差额		
（二）其他资金收支差额		
六、年末各项资金结转结余		
（一）年末财政拨款结转结余		
1. 财政拨款结转		
2. 财政拨款结余		
（二）年末其他资金结转结余		

三、收入支出表的编制说明

（一）“本月数”与“本年累计数”

本表“本月数”栏反映各项目的本月实际发生数。在编制年度收入支出表时，应当将本栏改为“上年数”栏，反映上年度各项目的实际发生数；如果本年度收入支出表规定的各个项目的名称和内容同上年度不一致，应对上年度收入支出表各项目的名称和数字按照本年度的规定进行调整，填入本年度收入支出表的“上年数”栏。

本表“本年累计数”栏反映各项目自年初起至报告期末止的累计实际发生数。编制年度收入支出表时，应当将本栏改为“本年数”。

（二）“本月数”的填列

1. “年初各项资金结转结余”项目及其所属各明细项目，反映行政单位本年初所有资金结转结余的金额。各明细项目应当根据“财政拨款结转”、“财政拨款结余”、“其他资金结转结余”及其明细科目的年初余额填列。本项目及其所属各明细项目的数额，应当与上年度收入支出表中“年末各项资金结转结余”中各明细项目的数额相等。

2. “各项资金结转结余调整及变动”项目及其所属各明细项目，反映行政单位因发生需要调整以前年度各项资金结转结余的事项，以及本年因调入、上缴或交回等导致各项资金结转结余变动的金额。

（1）“财政拨款结转结余调整及变动”项目，根据“财政拨款结转”、“财政拨款结余”科目下的“年初余额调整”、“归集上缴”、“归集调入”明细科目的本期贷方发生额合计数减去本期借方发生额合计数的差额填列；如为负数，以“－”号填列。

（2）“其他资金结转结余调整及变动”项目，根据“其他资金结转结余”科目下的“年初余额调整”、“结余调剂”明细科目的本期贷方发生额合计数减去本期借方发生额合计数的差额填列；如为负数，以“－”号填列。

3. “收入合计”项目，反映行政单位本期取得的各项收入的金额。本项目应当根据“财政拨款收入”科目的本期发生额加上“其他收入”科目的本期发生额的合计数填列。

（1）“财政拨款收入”项目及其所属明细项目，反映行政单位本期从同级财政部门取得的各类财政拨款的金额。本项目应当根据“财政拨款收入”科目及其所属明细科目的本期发生额填列。

（2）“其他资金收入”项目及其所属明细项目，反映行政单位本期取得的各类非财政拨款的金额。本项目应当根据“其他收入”科目及其所属明细科目的本期发生额填列。

4. “支出合计”项目，反映行政单位本期发生的各项资金支出金额。本项目应当根据“经费支出”和“拨出经费”科目的本期发生额的合计数填列。

（1）“财政拨款支出”项目及其所属明细项目，反映行政单位本期发生的财政拨款支出金额。本项目应当根据“经费支出——财政拨款支出”科目及其所属明细科目的本期发生额填列。

（2）“其他资金支出”项目及其所属明细项目，反映行政单位本期使用各类非财政拨款资金发生的支出金额。本项目应当根据“经费支出——其他资金支出”和“拨出经费”科目及其所属明细科目的本期发生额的合计数填列。

5. “本期收支差额”项目及其所属各明细项目，反映行政单位本期发生的各项资金收入和支出相抵后的余额。

（1）“财政拨款收支差额”项目，反映行政单位本期发生的财政拨款资金收入和支出相抵后的余额。本项目应当根据本表中“财政拨款收入”项目金额减去“财政拨款支出”项目金额后的余额填列；如为负数，以“－”号填列。

（2）“其他资金收支差额”项目，反映行政单位本期发生的非财政拨款资金收入和支出相抵后的余额。本项目应当根据本表中“其他资金收入”项目金额减去“其他资金支出”项目金额后的余额填列；如为负数，以“-”号填列。

6. “年末各项资金结转结余”项目及其所属各明细项目，反映行政单位截至本年末的各项资金结转结余金额。各明细项目应当根据“财政拨款结转”、“财政拨款结余”、“其他资金结转结余”科目的年末余额填列。

上述“年初各项资金结转结余”、“年末各项资金结转结余”项目及其所属各明细项目，只在编制年度收入支出表时填列。

四、收入支出表的编制示例

【例7-2】沿用【例7-1】该行政单位2014年收支账户的发生额如表7-7所示，2014年各项资金结转结余调整及变动如表7-8所示。根据以上资料，编制2014年年度收入支出表如表7-9所示。

表7-7 2014年某行政单位收支账户发生额　　单位：元

科目名称	发生额
财政拨款收入——基本支出拨款	448 960
财政拨款收入——项目支出拨款	500 000
其他收入——项目资金收入	73 640
其他收入——非项目资金收入	20 000
经费支出——财政拨款支出（基本支出）	422 910
经费支出——财政拨款支出（项目支出）	620 700
经费支出——其他资金支出（基本支出）	78 290
经费支出——其他资金支出（项目支出）	20 000

表7-8 2014年某行政单位各项资金结转结余调整及变动　　单位：元

项目	变动额
财政拨款结转结余调整及变动	41 650
其他资金结转结余调整及变动	6 000

表7－9　收入支出表

会行政02表

编制单位：×××　　2014年度　　单位：元

项目	上年数	本年数
一、年初各项资金结转结余	——	657 400
（一）年初财政拨款结转结余	——	557 000
1. 财政拨款结转	——	364 500
2. 财政拨款结余	——	192 500
（二）年初其他资金结转结余	——	100 400
二、各项资金结转结余调整及变动	——	47 650
（一）财政拨款结转结余调整及变动	——	41 650
（二）其他资金结转结余调整及变动	——	6 000
三、收入合计	——	1 042 600
（一）财政拨款收入	——	948 960
1. 基本支出拨款	——	448 960
2. 项目支出拨款	——	500 000
（二）其他资金收入	——	93 640
1. 非项目收入	——	73 640
2. 项目收入	——	20 000
四、支出合计	——	1 141 900
（一）财政拨款支出	——	1 043 610
1. 基本支出	——	422 910
2. 项目支出	——	620 700
（二）其他资金支出	——	98 290
1. 非项目支出	——	78 290
2. 项目支出	——	20 000
五、本期收支差额	——	－99 300
（一）财政拨款收支差额	——	－94 650
（二）其他资金收支差额	——	－4 650
六、年末各项资金结转结余	——	605 750
（一）年末财政拨款结转结余	——	504 000
1. 财政拨款结转	——	315 600
2. 财政拨款结余	——	188 400
（二）年末其他资金结转结余	——	101 750

第四节　财政拨款收入支出表

一、财政拨款收入支出表概述

财政拨款收入支出表是反映行政单位在某一会计期间财政拨款收入、支出、结转及结余情况的报表。

二、财政拨款收入支出表的格式

行政单位财政拨款收入支出表反映如下财政拨款收支等式关系：

年初财政拨款结转结余 + 调整年初财政拨款结转结余 + 归集调入成上缴 + 单位内部调剂 + 本年财政拨款收入 − 本年财政拨款支出 = 年末财政拨款结转结余

行政单位财政拨款收入支出表的格式参见表 7 − 10。

表 7 − 10　财政拨款收入支出表

会行政 02 表

编制单位：　　　　　　　　　　______年____月　　　　　　　　　　单位：元

项目	年初财政拨款结转结余		调整年初财政拨款结转结余	归集调入或上缴	单位内部调剂		本年财政拨款收入	本年财政拨款支出	年末财政拨款结转结余	
	结余	结转	转结余		结余	结转			结转	结余
一、公共财政预算资金										
（一）基本支出										
1. 人员经费										
2. 日常公用经费										
（二）项目支出										
1. × ×项目										
2. × ×项目										
……										
二、政府性基金预算资金										
（一）基本支出										
1. 人员经费										
2. 日常公用经费										

续表

项目	年初财政拨款结转结余		调整年初财政拨款结转结余	归集调入或上缴	单位内部调剂		本年财政拨款收入	本年财政拨款支出	年末财政拨款结转结余	
	结余	结转	结转结余		结余	结转			结转	结余
（二）项目支出										
1. ××项目										
2. ××项目										
……										
总计										

三、财政拨款收入支出表的编制说明

（一）项目的设置

本表“项目”栏内各项目，应当根据行政单位取得的财政拨款种类分项设置；其中“项目支出”下，根据每个项目设置；行政单位取得除公共财政预算拨款和政府性基金预算拨款以外的其他财政拨款的，应当按照财政拨款种类增加相应的资金项目及其明细项目。

（二）各项目的填列

1. “年初财政拨款结转结余”栏中各项目，反映行政单位年初各项财政拨款结转和结余的金额。各项目应当根据“财政拨款结转”、“财政拨款结余”及其明细科目的年初余额填列。本栏目中各项目的数额，应当与上年度财政拨款收入支出表中“年末财政拨款结转结余”栏中各项目的数额相等。

2. “调整年初财政拨款结转结余”栏中各项目，反映行政单位对年初财政拨款结转结余的调整金额。各项目应当根据“财政拨款结转”、“财政拨款结余”科目中“年初余额调整”科目及其所属明细科目的本年发生额填列。如调整减少年初财政拨款结转结余，以“－”号填列。

3. “归集调入或上缴”栏中各项目，反映行政单位本年取得主管部门归集调入的财政拨款结转结余资金和按规定实际上缴的财政拨款结转结余资金金额。各项目应当根据“财政拨款结转”、“财政拨款结余”科目中“归集上缴”和“归集调入”科目及其所属明细科目的本年发生额填列。对归集上缴的财政拨款结转结余资金，以“－”号填列。

4. “单位内部调剂”栏中各项目，反映行政单位本年财政拨款结转结余资金在内部不同项目之间的调剂金额。各项目应当根据“财政拨款结转”和“财政拨款结余”科目中的“单位内部调剂”及其所属明细科目的本年发生额填列。对单位内部调剂减少的财政拨款结转结余项目，以“－”号填列。

5. “本年财政拨款收入”栏中各项目，反映行政单位本年从同级财政部门取得的各类财政预算拨款金额。各项目应当根据“财政拨款收入”科目及其所属明细科目的本年发生额填列。

6. “本年财政拨款支出”栏中各项目，反映行政单位本年发生的财政拨款支出金额。各项目应当根据“经费支出”科目及其所属明细科目的本年发生额填列。

7. “年末财政拨款结转结余”栏中各项目，反映行政单位年末财政拨款结转结余的金额。各项目应当根据“财政拨款结转”、“财政拨款结余”科目及其所属明细科目的年末余额填列。

四、财政拨款收入支出表的编制示例

【例7-3】沿用【例7-1】该行政单位2014年1月1日的部分净资产账户余额如表7-11所示，2014年度财政拨款收支账户发生额如表7-12所示，2014年该行政单位归集调入资金41 650元，并将公共财政预算资金中用于B项目的结余调入A项目。根据以上资料，编制2014年年度财政拨款收入支出表如表7-13所示。

表7-11 2014年1月1日某行政单位部分净资产账户余额 单位：元

科目名称	账户余额
财政拨款结转——基本支出（日常公用经费）——公共财政预算资金	300 000
财政拨款结转——项目支出（A项目）——公共财政预算资金	64 500
财政拨款结余——基本支出（日常公用经费）——公共财政预算资金	136 300
财政拨款结余——项目支出（B项目）——公共财政预算资金	56 200

表7-12 2014年度某行政单位财政拨款收支账户发生额 单位：元

科目名称	账户余额
财政拨款收入——基本支出拨款（人员经费）——公共财政预算资金	180 000
财政拨款收入——基本支出拨款（日常公用经费）——公共财政预算资金	268 960
财政拨款收入——项目支出拨款（D项目）——政府性基金预算资金	500 000
经费支出——基本支出（人员经费）——公共财政预算资金	180 000
经费支出——基本支出（日常公用经费）——公共财政预算资金	242 910
经费支出——项目支出（A项目）——公共财政预算资金	120 700
经费支出——项目支出（D项目）——政府性基金预算资金	500 000

表 7－13　财政拨款收入支出表

会行政 02 表

编制单位：×××　　2014 年度　　单位：元

项目	年初财政拨款结转结余		调整年初财政拨款结转结余	归集调入或上缴	单位内部调剂		本年财政拨款收入	本年财政拨款支出	年末财政拨款结转结余	
	结余	结转			结余	结转			结转	结余
一、公共财政预算资金	364 500	192 500	－	41 650	56 200	－56 200	448 960	543 610	315 600	188 400
（一）基本支出	300 000	136 300	－	41 650	－	－	448 960	422 910	315 600	188 400
1. 人员经费	－	－	－	－	－	－	180 000	180 000	－	－
2. 日常公用经费	300 000	136 300	－41	－650	－	－	268 960	242 910	315 600	188 400
（二）项目支出	64 500	56 200	－	－	56 200	－56 200	－	120 700	－	－
1. A 项目	64 500	－	－	－	56 200	－	－	120 700	－	－
2. B 项目	－	56 200	－	－	－	－56 200	－	－	－	－
二、政府性基金预算资金	－	－	－	－	－	－	500 000	500 000	－	－
（一）基本支出	－	－	－	－	－	－	－	－	－	－
1. 人员经费	－	－	－	－	－	－	－	－	－	－
2. 日常公用经费	－	－	－	－	－	－	－	－	－	－
（二）项目支出	－	－	－	－	－	－	500 000	500 000	－	－
1. D 项目	－	－	－	－	－	－	500 000	500 000	－	－
总计	364 500	192 500	－	41 650	56 200	－56 200	948 960	1 043 610	315 600	188 400

第五节　附注与财务分析

一、附注

（一）附注的定义

附注是指对在会计报表中列示项目的文字描述或明细资料，以及对未能在会计报表中列示项目的说明等。

（二）附注的内容

行政单位的报表附注应当至少披露下列内容：

1. 遵循《行政单位会计制度》的声明；
2. 单位整体财务状况、预算执行情况的说明；

3. 会计报表中列示的重要项目的进一步说明，包括其主要构成、增减变动情况等；

4. 重要资产处置、资产重大损失情况的说明；

5. 以名义金额计量的资产名称、数量等情况，以及以名义金额计量理由的说明；

6. 或有负债情况的说明、1 年以上到期负债预计偿还时间和数量的说明；

7. 以前年度结转结余调整情况的说明；

8. 有助于理解和分析会计报表的其他需要说明事项。

二、财务分析

财务分析是依据会计核算资料和其他有关信息资料，对单位财务活动过程及其结果进行的研究、分析和评价。行政单位应当真实、准确、完整、及时地编制财务报告，认真进行财务分析，并按照规定报送财政部门、主管预算单位和其他有关部门。

（一）行政单位财务分析的内容

行政单位财务分析的内容包括预算编制与执行情况、收入支出状况、人员增减情况、资产使用情况等。

1. 预算编制与执行情况。

预算编制与执行情况，主要分析行政单位实际收支与预算安排之间的差异，及其差异产生的原因。由于行政单位的收入主要依靠国家财政拨款，因此，其预算执行情况的分析着重在预算支出执行情况的分析。而预算执行情况的分析，可以通过编制“预算支出执行情况分析表”进行，分别列示预算支出各项目的上年实际数、本年预算数、本年实际数，以及本年实际数占上年实际数的比重和占本年预算数的比重，并分析各项目本年实际数与预算数产生差异的原因。

2. 收入支出状况。

收入支出状况，主要分析行政单位各项支出是否按规定用途使用，是否符合费用开支标准，是否符合费用开支定额，有否超标准开支，有否铺账浪费，有否乱开支和乱摊销。可与本单位以前年度比，也可与其他单位比，找出差距及其形成原因，以便今后加以改进。

3. 人员增减情况。

人员增减情况，主要分析行政单位的人员配备是否符合国家核定的人员编制要求，具体地说各类人员配备在结构上是否合理，在总量上是否超出编制总数，若存在超编现象，应分析超编原因，及超编对支出的影响程度；若存在缺编现象，应分析缺编原因，及缺编对支出的影响程度。

4. 资产使用情况。

资产使用情况，主要分析固定资产是否得到充分有效地运用，是否有不需用的固定资产，是否有未使用的固定资产；在用的固定资产利用程度如何，是否有闲置浪费的现象；在用的固定资产维护保养工作如何，有否乱用、滥用、丢失、损毁和非正常报废现象；固定资产的增加、减少，是否正当、合理，手续是否完备。

（二）行政单位财务分析的指标

财务分析的指标主要有：支出增长率、当年预算支出完成率、人均开支、项目支出占总支出的比率、人员支出占总支出的比率、公用支出占总支出的比率、人均办公使用面积、人车比例等。行政单位可以根据其业务特点，增加财务分析指标。

1. 支出增长率。

支出增长率，主要衡量行政单位支出的增长水平。其计算公式为：

支出增长率 =（本期支出总额 ÷ 上期支出总额 − 1）×100%

通过计算支出增长率，可以了解行政单位支出的增长是否与其行政职能的大小、人员编制的多少及业务规模和财政状况相适应。

2. 当年预算支出完成率。

当年预算支出完成率，主要衡量行政单位当年支出总预算及分项预算完成的程度。其计算公式为：

当年预算支出完成率 = 年终执行数 ÷（年初预算数 ± 年中预算调整数）×100%

年终执行数不含上年结转和结余支出数。

3. 人均开支。

人均开支，主要衡量行政单位人均年消耗经费水平。其计算公式为：

人均开支 = 本期支出数 ÷ 本期平均在职人员数 ×100%

通过计算人均开支水平指标，可以了解行政单位费用支出定额的执行情况，反映行政单位费用开支的规模和水平；可以用于对比分析并找出人均开支水平增减的原因。

4. 项目支出占总支出的比率。

项目支出占总支出的比率，主要衡量行政单位的支出结构。其计算公式为：

项目支出比率 = 本期项目支出数 ÷ 本期支出总数 ×100%

通过计算项目支出占总支出的比重，可以了解行政单位的支出结构及专项业务活动的规模；可以用于对比分析并找出项目支出增减的原因。

5. 人员支出、公用支出占总支出的比率。

人员支出、公用支出占总支出的比率，主要衡量行政单位的支出结构。其计算公式为：

人员支出比率 = 本期人员支出数 ÷ 本期支出总数 ×100%

公用支出比率 = 本期公用支出数 ÷ 本期支出总数 ×100%

通过计算人员支出、公用支出占总支出的比率，可以了解行政单位的内部支出结构是否合理；可以用于对比分析并找出支出结构变化及其发展趋势是否合理；还可用于同类型的行政单位间的横向比较。

6. 人均办公使用面积。

人均办公使用面积，主要衡量行政单位办公用房配备情况。其计算公式为：

人均办公使用面积 = 本期末单位办公用房使用面积 ÷ 本期末在职人员数

通过计算人均办公使用面积，可以了解行政单位办公用房的使用效率是否合理；可以用于同类型的行政单位间的横向比较。

7. 人车比例。

人车比例，主要衡量行政单位公务用车配备情况。其计算公式为：

人车比例 = （本期末在职人员数 ÷ 本期末公务用车实有数）：1

通过计算人车比例，可以了解行政单位公务用车配备规模以及是否执行了有关控制车辆配置的规定。

第六节　新旧制度财务报表的变化

一、新旧制度财务报表的变化

（一）新旧制度财务报表的对比

新旧行政单位会计制度财务报表的对比见表 7 – 14。

表 7 – 14　新旧行政单位会计制度财务报表对照表

	新行政单位会计制度财务报表		旧行政单位会计制度财务报表	
序号	编号	财务报表名称	编号	财务报表名称
1	会行政 01 表	资产负债表		资产负债表
2	会行政 02 表	收入支出表		收入支出总表
3	会行政 03 表	财政拨款收入支出表		
4				经费支出明细表
5		附注		附表和报表说明书

（二）新旧制度财务报表的调整

1. 改进了资产负债表的结构。

在资产负债表的结构上，新制度取消了收入和支出的列示，仅列示资产、负债和净资产三大会计要素的，明确了行政单位会计等式“资产 = 负债 + 净资产”在资产负债表中的呈现，增强了资产负债表结构的合理性。

2. 改进了资产负债表各科目列示的顺序。

新制度在资产负债表的列示上，引入了流动性的分类标准，将资产、负债项目按照流动性进行排列，并将结转结余等净资产项目置于资产基金之前，便于财务报表使用者对行政单位的财务状况、财务风险等进行分析评价。

3. 改进了收入支出表的项目和结构。

新制度增加了"年初各项资金结转结余"、"各项资金结转结余调整及变动"、"年末各项资金结转结余"等项目及其明细项目，并将原来"收入－支出＝结余"的报表结构更改为"收入合计－支出合计＝本期收支差额"与"年初各项资金结转结余＋各项资金结转结余调整及变动＋本期收支差额＝年末各项资金结转结余"相结合的报表结构。

4. 增加了财政拨款收入支出表。

新制度增加了财政拨款收入支出表，用于反映行政单位在某一会计期间财政拨款的收入、支出、结转及结余情况，以满足行政单位预算管理的要求。

二、财务报表新旧制度的衔接

（一）新旧制度衔接的总要求

1. 自 2014 年 1 月 1 日起，行政单位应当严格按照新制度的规定进行会计核算和编报财务报表。

2. 行政单位应当按照本规定做好新旧制度的衔接。相关工作包括以下几个方面：

（1）根据原账编制 2013 年 12 月 31 日的科目余额表。

（2）按照新制度设立 2014 年 1 月 1 日的新账。

（3）将 2013 年 12 月 31 日原账中各会计科目余额按照本规定进行调整（包括新旧结转调整和基建并账调整），按调整后的科目余额编制科目余额表，作为新账各会计科目的期初余额。原账中各会计科目是指原《行政单位会计制度》（财预字〔1998〕号）规定的会计科目，以及按照财政部印发的有关行政单位会计核算补充规定增设的会计科目。

（4）根据新账各会计科目期初余额，按照新制度编制 2014 年 1 月 1 日期初资产负债表。

3. 及时调整会计信息系统。行政单位应当对原有会计核算软件和会计信息系统进行及时更新和调试，正确实现数据转换，确保新旧账套的有序衔接。

（二）财务报表新旧制度的衔接

1. 编制 2014 年 1 月 1 日期初资产负债表。

行政单位应当根据新账各会计科目期初余额，按照新制度编制 2014 年 1 月 1 日期初资产负债表。

2. 行政单位 2014 年度财务报表的编制。

行政单位应当按照新制度规定编制 2014 年的月度、年度财务报表。在编制 2014 年度收入支出表、财政拨款收入支出表时，不要求填列上年比较数。

附录：

行政单位会计制度

第一章　总则

第一条　为了规范行政单位会计核算，保证会计信息质量，根据《中华人民共和国会计法》和其他有关法律、行政法规和部门规章，制定本制度。

第二条　本制度适用于各级各类国家机关、政党组织（以下统称行政单位）。

第三条　行政单位会计核算目标是向会计信息使用者提供与行政单位财务状况、预算执行情况等有关的会计信息，反映行政单位受托责任的履行情况，有助于会计信息使用者进行管理、监督和决策。

行政单位会计信息使用者包括人民代表大会、政府及其有关部门、行政单位自身和其他会计信息使用者。

第四条　行政单位应当对其自身发生的经济业务或者事项进行会计核算。

第五条　行政单位会计核算应当以行政单位各项业务活动持续正常地进行为前提。

第六条　行政单位应当划分会计期间，分期结算账目和编制财务报表。

会计期间至少分为年度和月度。会计年度、月度等会计期间的起讫日期采用公历日期。

第七条　行政单位会计核算应当以人民币作为记账本位币。发生外币业务时，应当将有关外币金额折算为人民币金额计量。

第八条　行政单位会计应当按照业务或事项的经济特征确定会计要素。会计要素包括资产、负债、净资产、收入和支出。

第九条　行政单位会计核算一般采用收付实现制，特殊经济业务和事项应当按照本制度的规定采用权责发生制核算。

第十条　行政单位应当采用借贷记账法记账。

第十一条　行政单位的会计记录应当使用中文，少数民族地区可以同时使用本民族文字。

第二章　会计信息质量要求

第十二条　行政单位应当以实际发生的经济业务或者事项为依据进行会计核算，如实反映各项会计要素的情况和结果，保证会计信息真实可靠。

第十三条　行政单位提供的会计信息应当与行政单位受托责任履行情况的反映、会计信息使用者的管理、监督和决策需要相关，有助于会计信息使用者对行政单位过去、现在或者未来的情况作出评价或者预测。

第十四条　行政单位应当将发生的各项经济业务或者事项全部纳入会计核算，确保会计信息能够全面反映行政单位的财务状况和预算执行情况等。

第十五条　行政单位对于已经发生的经济业务或者事项，应当及时进行会计核算，不得提前或者延后。

第十六条　行政单位提供的会计信息应当具有可比性。

同一行政单位不同时期发生的相同或者相似的经济业务或者事项，应当采用一致的会计政策，不得随意变更。确需变更的，应当将变更的内容、理由和对单位财务状况、预算执行情况的影响在附注中予以说明。

不同行政单位发生的相同或者相似的经济业务或者事项，应当采用统一的会计政策，确保不同行政单位会计信息口径一致、相互可比。

第十七条　行政单位提供的会计信息应当清晰明了，便于会计信息使用者理解和使用。

第三章　资产

第十八条　资产是指行政单位占有或者使用的，能以货币计量的经济资源。

前款所称占有，是指行政单位对经济资源拥有法律上的占有权。由行政单位直接支配，供社会公众使用的政府储备物资、公共基础设施等，也属于行政单位核算的资产。

第十九条　行政单位的资产包括流动资产、固定资产、在建工程、无形资产等。其中，流动资产是指可以在1年以内（含1年）变现或者耗用的资产，包括库存现金、银行存款、零余额账户用款额度、财政应返还额度、应收及预付款项、存货等。

零余额账户用款额度是指实行国库集中支付的行政单位根据财政部门批复的用款计划收到和支用的零余额账户用款额度。

财政应返还额度是指实行国库集中支付的行政单位应收财政返还的资金额度。

应收及预付款项是指行政单位在开展业务活动中形成的各项债权，包括应收账款、预付账款、其他应收款等。

存货是指行政单位在工作中为耗用而储存的资产，包括材料、燃料、包装物和低值易耗品等。

固定资产是指使用期限超过1年（不含1年），单位价值在规定标准以上，并且在使用过程中基本保持原有物质形态的资产。

在建工程是指行政单位已经发生必要支出，但尚未交付使用的建设工程。

无形资产是指不具有实物形态而能够为使用者提供某种权利的非货币性资产。

第二十条 行政单位对符合本制度第十八条资产定义的经济资源，应当在取得对其相关的权利并且能够可靠地进行货币计量时确认。

符合资产定义并确认的资产项目，应当列入资产负债表。

第二十一条 行政单位的资产应当按照取得时实际成本进行计量。除国家另有规定外，行政单位不得自行调整其账面价值。

应收及预付款项应当按照实际发生额计量。

以支付对价方式取得的资产，应当按照取得资产时支付的现金或者现金等价物的金额，以及所付出的非货币性资产的评估价值等金额计量。

取得资产时没有支付对价的，其计量金额应当按照有关凭据注明的金额加上相关税费、运输费等确定；没有相关凭据但依法经过资产评估的，其计量金额应当按照评估价值加上相关税费、运输费等确定；没有相关凭据也未经评估的，其计量金额比照同类或类似资产的市场价格加上相关税费、运输费等确定；没有相关凭据也未经评估，其同类或类似资产的市场价格无法可靠取得，所取得的资产应当按照名义金额（即人民币 1 元，下同）入账。

第二十二条 行政单位应当按照本制度的规定对无形资产进行摊销；对无形资产计提摊销的金额，应当根据无形资产原价和摊销年限确定。

行政单位对固定资产、公共基础设施是否计提折旧由财政部另行规定；按照规定对固定资产、公共基础设施计提折旧的，折旧金额应当根据固定资产、公共基础设施原价和折旧年限确定。

第四章 负债

第二十三条 负债是指行政单位所承担的能以货币计量，需要以资产等偿还的债务。

第二十四条 行政单位的负债按照流动性，分为流动负债和非流动负债。

流动负债是指预计在 1 年内（含 1 年）偿还的负债。

非流动负债是指流动负债以外的负债。

第二十五条 行政单位的流动负债包括应缴财政款、应缴税费、应付职工薪酬、应付及暂存款项、应付政府补贴款等。

应缴财政款是指行政单位按照规定取得的应当上缴财政的款项。

应缴税费是指行政单位按照国家税法等有关规定应当缴纳的各种税费。

应付职工薪酬是指行政单位按照有关规定应付的职工工资、津贴补贴等。

应付及暂存款项是指行政单位在开展业务活动中发生的各项债务，包括应付账款、其他应付款等。

应付政府补贴款是指负责发放政府补贴的行政单位，按照有关规定应付给政府补贴接受者的各种政府补贴款。

第二十六条 行政单位的非流动负债包括长期应付款。

长期应付款是指行政单位发生的偿还期限超过1年（不含1年）的应付款项。

第二十七条 行政单位对符合本制度第二十三条负债定义的债务，应当在确定承担偿债责任并且能够可靠地进行货币计量时确认。

符合负债定义并确认的负债项目，应当列入资产负债表；行政单位承担或有责任（偿债责任需要通过未来不确定事项的发生或不发生予以证实）的负债，不列入资产负债表，但应当在报表附注中披露。

第二十八条 行政单位的负债，应当按照承担的相关合同金额或实际发生额进行计量。

第五章 净资产

第二十九条 净资产是指行政单位资产扣除负债后的余额。

第三十条 行政单位的净资产包括财政拨款结转、财政拨款结余、其他资金结转结余、资产基金、待偿债净资产等。

财政拨款结转是指行政单位当年预算已执行但尚未完成，或因故未执行，下一年度需要按照原用途继续使用的财政拨款滚存资金。

财政拨款结余是指行政单位当年预算工作目标已完成，或因故终止，剩余的财政拨款滚存资金。

其他资金结转结余是指行政单位除财政拨款收支以外的各项收支相抵后剩余的滚存资金。

资产基金是指行政单位的非货币性资产在净资产中占用的金额。

待偿债净资产是指行政单位因发生应付账款和长期应付款而相应需在净资产中冲减的金额。

第六章 收入

第三十一条 收入是指行政单位依法取得的非偿还性资金。

第三十二条 行政单位的收入包括财政拨款收入和其他收入。

财政拨款收入是指行政单位从同级财政部门取得的财政预算资金。

其他收入是指行政单位依法取得的除财政拨款收入以外的各项收入。

第三十三条 行政单位的收入一般应当在收到款项时予以确认，并按照实际收到的金额进行计量。

第七章 支出

第三十四条 支出是指行政单位为保障机构正常运转和完成工作任务所发生的资金耗费和损失。

第三十五条 行政单位的支出包括经费支出和拨出经费。

经费支出是指行政单位自身开展业务活动使用各项资金发生的基本支出和项目支出。

拨出经费是指行政单位纳入单位预算管理、拨付给所属单位的非同级财政拨款资金。

第三十六条 行政单位的支出一般应当在支付款项时予以确认，并按照实际支付金额进行计量。

采用权责发生制确认的支出，应当在其发生时予以确认，并按照实际发生额进行计量。

第八章 会计科目

第三十七条 行政单位应当按照下列规定运用会计科目：

一、行政单位应当对有关法律、法规允许进行的经济活动，按照本制度的规定使用会计科目进行核算；行政单位不得以本制度规定的会计科目及使用说明作为进行有关法律、法规禁止的经济活动的依据。

二、行政单位对基本建设投资的会计核算在执行本制度的同时，还应当按照国家有关基本建设会计核算的规定单独建账、单独核算。

三、行政单位应当按照本制度的规定设置和使用会计科目，因没有相关业务不需要使用的总账科目可以不设；在不影响会计处理和编报财务报表的前提下，行政单位可以根据实际情况自行增设本制度规定以外的明细科目，或者自行减少、合并本制度规定的明细科目。

四、按照财政部规定对固定资产和公共基础设施计提折旧的，相关折旧的账务处理应当按照本制度规定执行；按照财政部规定不对固定资产和公共基础设施计提折旧的，不设置本制度规定的“累计折旧”科目，在进行账务处理时不考虑本制度其他科目说明中涉及的“累计折旧”科目。

五、本制度统一规定会计科目的编号，以便于填制会计凭证、登记账簿、查阅账目、实行会计信息化管理。行政单位不得随意打乱重编本制度规定的会计科目编号。

第三十八条 行政单位适用的会计科目如下：

序号	科目编号	会计科目名称
一、资产类		
1	1001	库存现金
2	1002	银行存款
3	1011	零余额账户用款额度
4	1021 102101 102102	财政应返还额度 财政直接支付 财政授权支付
5	1212	应收账款

续表

序号	科目编号	会计科目名称
6	1213	预付账款
7	1215	其他应收款
8	1301	存货
9	1501	固定资产
10	1502	累计折旧
11	1511	在建工程
12	1601	无形资产
13	1602	累计摊销
14	1701	待处理财产损溢
15	1801	政府储备物资
16	1802	公共基础设施
17	1901	受托代理资产
二、负债类		
18	2001	应缴财政款
19	2101	应缴税费
20	2201	应付职工薪酬
21	2301	应付账款
22	2302	应付政府补贴款
23	2305	其他应付款
24	2401	长期应付款
25	2901	受托代理负债
三、净资产类		
26	3001	财政拨款结转
27	3002	财政拨款结余
28	3101	其他资金结转结余
29	3501 350101 350111 350121 350131 350141 350151 350152	资产基金 预付款项 存货 固定资产 在建工程 无形资产 政府储备物资 公共基础设施
30	3502	待偿债净资产

续表

序号	科目编号	会计科目名称
四、收入类		
31	4001	财政拨款收入
32	4011	其他收入
五、支出类		
33	5001	经费支出
34	5101	拨出经费

第三十九条 行政单位会计科目使用说明如下：

一、资产类

1001 库存现金

一、本科目核算行政单位的库存现金。

二、行政单位应当严格按照国家有关现金管理的规定收支现金，并按照本制度规定核算现金的各项收支业务。

三、库存现金的主要账务处理如下：

（一）从银行等金融机构提取现金，按照实际提取的金额，借记本科目，贷记“银行存款”、“零余额账户用款额度”等科目；将现金存入银行等金融机构，借记“银行存款”，贷记本科目；将现金退回单位零余额账户，借记“零余额账户用款额度”科目，贷记本科目。

（二）因支付内部职工出差等原因所借的现金，借记“其他应收款”科目，贷记本科目；出差人员报销差旅费时，按照应报销的金额，借记有关科目，按照实际借出的现金金额，贷记“其他应收款”科目，按照其差额，借记或贷记本科目。

（三）因开展业务或其他事项收到现金，借记本科目，贷记有关科目；因购买服务、商品或者其他事项支出现金，借记有关科目，贷记本科目。

（四）收到受托代理的现金时，借记本科目，贷记“受托代理负债”科目；支付受托代理的现金时，借记“受托代理负债”科目，贷记本科目。

四、行政单位应当设置“现金日记账”，由出纳人员根据收付款凭证，按照业务发生顺序逐笔登记。每日终了，应当计算当日的现金收入合计数、现金支出合计数和结余数，并将结余数与实际库存数核对，做到账款相符。

每日终了结算现金收支，核对库存现金时发现有待查明原因的现金短缺或溢余，应通过“待处理财产损溢”科目核算。属于现金短缺，应当按照实际短缺的金额，借记“待处理财产损溢”科目，贷记本科目；属于现金溢余，应当按照实际溢余的金额，借记本科目，贷记“待处理财产损溢”科目。待查明原因后作如下处理：

（一）如为现金短缺，属于应由责任人赔偿或向有关人员追回的部分，借记“其他应收款”科目，贷记“待处理财产损溢”科目。

（二）如为现金溢余，属于应支付给有关人员或单位的，借记“待处理财产损溢”科目，贷记“其他应付款”科目。

五、行政单位有外币现金的，应当分别按照人民币、外币种类设置“现金日记账”进行明细核算。有关外币现金业务的账务处理参见“银行存款”科目的相关规定。

六、本科目期末借方余额，反映行政单位实际持有的库存现金。

1002 银行存款

一、本科目核算行政单位存入银行或者其他金融机构的各种存款。

二、行政单位应当严格按照国家有关支付结算办法的规定办理银行存款收支业务，并按照本制度规定核算银行存款的各项收支业务。

三、银行存款的主要账务处理如下：

（一）将款项存入银行或者其他金融机构，借记本科目，贷记“库存现金”、“其他收入”等有关科目。

（二）提取和支出存款时，借记有关科目，贷记本科目。

（三）收到银行存款利息，借记本科目，贷记“其他收入”等科目；支付银行手续费或银行扣收罚金等时，借记“经费支出”科目，贷记本科目。

（四）收到受托代理的银行存款时，借记本科目，贷记“受托代理负债”科目；支付受托代理的存款时，借记“受托代理负债”科目，贷记本科目。

四、行政单位发生外币业务的，应当按照业务发生当日或当期期初的即期汇率，将外币金额折算为人民币金额记账，并登记外币金额和汇率。

期末，各种外币账户的期末余额，应当按照期末的即期汇率折算为人民币，作为外币账户期末人民币余额。调整后的各种外币账户人民币余额与原账面余额的差额，作为汇兑损溢计入当期支出。

（一）以外币购买物资、劳务等，按照购入当日或当期期初的即期汇率将支付的外币或应支付的外币折算为人民币金额，借记有关科目，贷记本科目、“应付账款”等科目的外币账户。

（二）以外币收取相关款项等，按照收入确认当日或当期期初的即期汇率将收取的外币或应收取的外币折算为人民币金额，借记本科目、“应收账款”等科目的外币账户，贷记有关科目。

（三）期末，根据各外币账户按期末汇率调整后的人民币余额与原账面人民币余额的差额，作为汇兑损溢，借记或贷记本科目、“应收账款”、“应付账款”等科目，贷记或借记“经费支出”等科目。

五、行政单位应当按开户银行或其他金融机构、存款种类及币种等，分别设置“银行存款日记账”，由出纳人员根据收付款凭证，按照业务的发生顺序逐笔登记，每日终了应结出余额。“银行存款日记账”应定期与“银行对账单”核对，至少每月核对一次。月度终了，行政单位账面余额与银行对账单余额之间如有差额，必须逐笔查明原因并进行处理，按月编制“银行存款余额调节表”，调节相符。

六、本科目期末借方余额，反映行政单位实际存放在银行或其他金融机构的款项。

1011 零余额账户用款额度

一、本科目核算实行国库集中支付的行政单位根据财政部门批复的用款计划收到和支用的零余额账户用款额度。

二、零余额账户用款额度的主要账务处理如下：

（一）收到“财政授权支付额度到账通知书”时，根据通知书所列数额，借记本科目，贷记“财政拨款收入”科目。

（二）按规定支用额度时，借记“经费支出”等科目，贷记本科目。

（三）从零余额账户提取现金时，借记“库存现金”科目，贷记本科目。

（四）年末，根据代理银行提供的对账单作银行注销额度的相关账务处理，借记“财政应返还额度——财政授权支付”科目，贷记本科目。如单位本年度财政授权支付预算指标数大于财政授权支付额度下达数，根据两者间的差额，借记“财政应返还额度——财政授权支付”科目，贷记“财政拨款收入”科目。

下年度年初，行政单位根据代理银行提供的额度恢复到账通知书作恢复额度的相关账务处理，借记本科目，贷记“财政应返还额度——财政授权支付”科目。行政单位收到财政部门批复的上年末下达零余额账户用款额度时，借记本科目，贷记“财政应返还额度——财政授权支付”科目。

三、本科目期末借方余额，反映行政单位尚未支用的零余额账户用款额度。年度终了注销单位零余额账户用款额度后，本科目应无余额。

1021 财政应返还额度

一、本科目核算实行国库集中支付的行政单位应收财政返还的资金额度。

二、本科目应当设置“财政直接支付”、“财政授权支付”两个明细科目进行明细核算。

三、财政应返还额度的主要账务处理如下：

（一）年末国库集中支付尚未使用资金额度的账务处理。

1. 财政直接支付。

年末，行政单位根据本年度财政直接支付预算指标数与财政直接支付实际支出数的差额，借记本科目（财政直接支付），贷记“财政拨款收入”科目。

2. 财政授权支付。

年末，财政授权支付尚未使用资金额度的账务处理，参见“零余额账户用款额度”

科目。

（二）下年初恢复以前年度财政资金额度的账务处理，参见“零余额账户用款额度”科目。

（三）行政单位使用以前年度财政资金额度的账务处理。

1. 财政直接支付。

行政单位使用以前年度财政直接支付额度发生支出时，借记“经费支出”科目，贷记本科目（财政直接支付）。

2. 财政授权支付。

行政单位使用以前年度财政授权支付额度发生支出时的账务处理，参见“零余额账户用款额度”科目。

四、本科目期末借方余额，反映行政单位应收财政返还的资金额度。

1212 应收账款

一、本科目核算行政单位出租资产、出售物资等应当收取的款项。行政单位收到的商业汇票，也通过本科目核算。

二、本科目应当按照购货、接受服务单位（或个人）或开出、承兑商业汇票的单位等进行明细核算。

三、应收账款应当在资产已出租或物资已出售、且尚未收到款项时确认。

四、应收账款的主要账务处理如下：

（一）出租资产发生的应收账款。

1. 出租资产尚未收到款项时，按照应收未收金额，借记本科目，贷记“其他应付款”科目。

2. 收回应收账款时，借记“银行存款”等科目，贷记本科目；同时，借记“其他应付款”科目，按照应缴的税费，贷记“应缴税费”科目，按照扣除应缴税费后的净额，贷记“应缴财政款”科目。

（二）出售物资发生的应收账款。

1. 物资已发出并到达约定状态且尚未收到款项时，按照应收未收金额，借记本科目，贷记“待处理财产损溢”科目。

2. 收回应收账款时，借记“银行存款”等科目，贷记本科目。

（三）收到商业汇票。

1. 出租资产收到商业汇票，按照商业汇票的票面金额，借记本科目，贷记“其他应付款”科目。

出售物资收到商业汇票，按照商业汇票的票面金额，借记本科目，贷记“待处理财产损溢”科目。

2. 商业汇票到期收回款项时，借记“银行存款”等科目，贷记本科目。其中，出租资产收回款项的，还应当同时借记“其他应付款”科目，按照应缴的税费，贷记“应缴税费”科目，按照扣除应缴税费后的净额，贷记“应缴财政款”科目。

行政单位应当设置“商业汇票备查簿”，逐笔登记每一笔应收商业汇票的种类、号数、出票日期、到期日、票面金额、交易合同号等相关信息资料。商业汇票到期结清票款或退票后，应当在备查簿内逐笔注销。

五、逾期3年或以上、有确凿证据表明确实无法收回的应收账款，按规定报经批准后予以核销。核销的应收账款应在备查簿中保留登记。

（一）转入待处理财产损溢时，按照待核销的应收账款金额，借记“待处理财产损溢”科目，贷记本科目。

（二）已核销的应收账款在以后期间收回的，借记“银行存款”科目，贷记“应缴财政款”等科目。

六、本科目期末借方余额，反映行政单位尚未收回的应收账款。

1213 预付账款

一、本科目核算行政单位按照购货、服务合同规定预付给供应单位（或个人）的款项。行政单位依据合同规定支付的定金，也通过本科目核算。行政单位支付可以收回的订金，不通过本科目核算，应当通过“其他应收款”科目核算。

二、本科目应当按照供应单位（或个人）进行明细核算。

三、预付账款应当在已支付款项且尚未收到物资或服务时确认。

四、预付账款的主要账务处理如下：

（一）发生预付账款时，借记本科目，贷记“资产基金——预付款项”科目；同时，借记“经费支出”科目，贷记“财政拨款收入”、“零余额账户用款额度”、“银行存款”等科目。

（二）收到所购物资或服务时，按照相应预付账款金额，借记“资产基金——预付款项”科目，贷记本科目；发生补付款项的，按照实际补付的款项，借记“经费支出”科目，贷记“财政拨款收入”、“零余额账户用款额度”、“银行存款”等科目。收到物资的，同时按照收到所购物资的成本，借记有关资产科目，贷记“资产基金”及相关明细科目。

（三）发生当年预付账款退回的，借记“资产基金——预付款项”科目，贷记本科目；同时，借记“财政拨款收入”、“零余额账户用款额度”、“银行存款”等科目，贷记“经费支出”科目。

发生以前年度预付账款退回的，借记“资产基金——预付款项”科目，贷记本科目；同时，借记“财政应返还额度”、“零余额账户用款额度”、“银行存款”等科目，贷记“财政拨款结转”、“财政拨款结余”、“其他资金结转结余”等科目。

五、逾期3年或以上、有确凿证据表明确实无法收到所购物资和服务，且无法收回的预付账款，按照规定报经批准后予以核销。核销的预付账款应在备查簿中保留登记。

（一）转入待处理财产损溢时，按照待核销的预付账款金额，借记“待处理财产损溢”科目，贷记本科目。

（二）已核销的预付账款在以后期间又收回的，借记“零余额账户用款额度”、“银行存款”等科目，贷记“财政拨款结转”、“财政拨款结余”、“其他资金结转结余”等科目。

六、本科目期末借方余额，反映行政单位实际预付但尚未结算的款项。

1215 其他应收款

一、本科目核算行政单位除应收账款、预付账款以外的其他各项应收及暂付款项，如职工预借的差旅费、拨付给内部有关部门的备用金、应向职工收取的各种垫付款项等。

二、本科目应当按照其他应收款的类别以及债务单位（或个人）进行明细核算。

三、其他应收款的主要账务处理如下：

（一）发生其他应收及暂付款项时，借记本科目，贷记“零余额账户用款额度”、“银行存款”等科目。

（二）收回或转销上述款项时，借记“银行存款”、“零余额账户用款额度”或有关支出等科目，贷记本科目。

（三）行政单位内部实行备用金制度的，有关部门使用备用金以后应当及时到财务部门报销并补足备用金。财务部门核定并发放备用金时，借记本科目，贷记“库存现金”等科目。根据报销数用现金补足备用金定额时，借记“经费支出”科目，贷记“库存现金”等科目，报销数和拨补数都不再通过本科目核算。

四、逾期3年或以上、有确凿证据表明确实无法收回的其他应收款，按规定报经批准后予以核销。核销的其他应收款应在备查簿中保留登记。

（一）转入待处理财产损溢时，按照待核销的其他应收款金额，借记“待处理财产损溢”科目，贷记本科目。

（二）已核销的其他应收款在以后期间又收回的，如属于在核销年度内收回的，借记“银行存款”等科目，贷记“经费支出”科目；如属于在核销年度以后收回的，借记“银行存款”等科目，贷记“财政拨款结转”、“财政拨款结余”、“其他资金结转结余”等科目。

五、本科目期末借方余额，反映行政单位尚未收回的其他应收款。

1301 存货

一、本科目核算行政单位在开展业务活动及其他活动中为耗用而储存的各种物资，包括材料、燃料、包装物和低值易耗品及未达到固定资产标准的家具、用具、装具等的实际成本。

行政单位接受委托人指定受赠人的转赠物资，应当通过“受托代理资产”科目核算，不通过本科目核算。

行政单位随买随用的零星办公用品等，可以在购进时直接列作支出，不通过本科目核算。

二、本科目应当按照存货的种类、规格和保管地点等进行明细核算。行政单位有委托加工存货业务的，应当在本科目下设置“委托加工存货成本”科目。出租、出借的存货，应当设置备查簿进行登记。

三、存货应当在其到达存放地点并验收时确认。

四、存货的主要账务处理如下：

（一）存货在取得时，应当按照其实际成本入账。

1. 购入的存货，其成本包括购买价款、相关税费、运输费、装卸费、保险费以及其他使得存货达到目前场所和状态所发生的支出。

购入的存货验收入库，按照确定的成本，借记本科目，贷记“资产基金——存货”科目；同时，按照实际支付的金额，借记“经费支出”科目，贷记“财政拨款收入”、“零余额账户用款额度”、“银行存款”等科目；对于尚未付款的，应当按照应付未付的金额，借记“待偿债净资产”科目，贷记“应付账款”科目。

2. 置换换入的存货，其成本按照换出资产的评估价值，加上支付的补价或减去收到的补价，加上为换入存货支付的其他费用（运输费等）确定。

换入的存货验收入库，按照确定的成本，借记本科目，贷记“资产基金——存货”科目；同时，按实际支付的补价、运输费等金额，借记“经费支出”科目，贷记“财政拨款收入”、“零余额账户用款额度”、“银行存款”等科目。

3. 接受捐赠、无偿调入的存货，其成本按照有关凭据注明的金额加上相关税费、运输费等确定；没有相关凭据可供取得，但依法经过资产评估的，其成本应当按照评估价值加上相关税费、运输费等确定；没有相关凭据可供取得、也未经评估的，其成本比照同类或类似存货的市场价格加上相关税费、运输费等确定；没有相关凭据也未经评估，其同类或类似存货的市场价格无法可靠取得，该存货按照名义金额入账。

接受捐赠、无偿调入的存货验收入库，按照确定的成本，借记本科目，贷记“资产基金——存货”科目；同时，按实际支付的相关税费、运输费等金额，借记“经费支出”科目，贷记“财政拨款收入”、“零余额账户用款额度”、“银行存款”等科目。

4. 委托加工的存货，其成本按照未加工存货的成本加上加工费用和往返运输费等确定。

委托加工的存货出库，借记本科目下的“委托加工存货成本”明细科目，贷记本科目下的相关明细科目。支付加工费用和相关运输费等时，借记“经费支出”科目，贷记“财政拨款收入”、“零余额账户用款额度”、“银行存款”等科目；同时，按照相同的金额，借记本科目下的“委托加工存货成本”明细科目，贷记“资产基金——存货”科目。

委托加工完成的存货验收入库时，按照委托加工存货的成本，借记本科目下的相关明细科目，贷记本科目下的“委托加工存货成本”明细科目。

（二）存货发出时，应当根据实际情况采用先进先出法、加权平均法或者个别计价法确定发出存货的实际成本。计价方法一经确定，不得随意变更。

1. 开展业务活动等领用、发出存货，按照领用、发出存货的实际成本，借记“资产基金——存货”科目，贷记本科目。

2. 经批准对外捐赠、无偿调出存货时，按照对外捐赠、无偿调出存货的实际成本，借记“资产基金——存货”科目，贷记本科目。

对外捐赠、无偿调出存货发生由行政单位承担的运输费等支出，借记“经费支出”科目，贷记“财政拨款收入”、“零余额账户用款额度”、“银行存款”等科目。

3. 经批准对外出售、置换换出的存货，应当转入待处理财产损溢，按照相关存货的实际成本，借记“待处理财产损溢”科目，贷记本科目。

（三）报废、损毁的存货，应当转入待处理财产损溢，按照相关存货的账面余额，借记“待处理财产损溢”科目，贷记本科目。

（四）行政单位的存货应当定期进行清查盘点，每年至少盘点一次。对于发生的存货盘盈、盘亏，应当及时查明原因，按规定报经批准后进行账务处理。

1. 盘盈的存货，按照取得同类或类似存货的实际成本确定入账价值；没有同类或类似存货的实际成本，按照同类或类似存货的市场价格确定入账价值；同类或类似存货的实际成本或市场价格无法可靠取得，按照名义金额入账。

盘盈的存货，按照确定的入账价值，借记本科目，贷记“待处理财产损溢”科目。

2. 盘亏的存货，转入待处理财产损溢时，按照其账面余额，借记“待处理财产损溢”科目，贷记本科目。

五、本科目期末借方余额，反映行政单位存货的实际成本。

1501 固定资产

一、本科目核算行政单位各类固定资产的原价。

固定资产是指使用期限超过1年（不含1年）、单位价值在规定标准以上，并在使用过程中基本保持原有物质形态的资产。单位价值虽未达到规定标准，但是耐用时间超过1年（不含1年）的大批同类物资，应当作为固定资产核算。

固定资产一般分为六类：房屋及构筑物；通用设备；专用设备；文物和陈列品；图书、档案；家具、用具、装具及动植物。

二、固定资产核算的有关说明如下：

（一）固定资产的各组成部分具有不同的使用寿命、适用不同折旧率的，应当分别将各组成部分确认为单项固定资产。

（二）购入需要安装的固定资产，应当先通过“在建工程”科目核算，安装完毕交付使用时再转入本科目核算。

（三）行政单位的软件，如果其构成相关硬件不可缺少的组成部分，应当将该软件的价值包括在所属的硬件价值中，一并作为固定资产，通过本科目进行核算；如果其不构成相关硬件不可缺少的组成部分，应当将该软件作为无形资产，通过“无形资产”科目核算。

（四）行政单位购建房屋及构筑物不能够分清支付价款中的房屋及构筑物与土地使用权部分的，应当全部作为固定资产，通过本科目核算；能够分清支付价款中的房屋及构筑物与土地使用权部分的，应当将其中的房屋及构筑物部分作为固定资产，通过本科目核算，将其中的土地使用权部分作为无形资产，通过“无形资产”科目核算；境外行政单位购买具有所有权的土地，作为固定资产，通过本科目核算。

（五）行政单位借入、以经营租赁方式租入的固定资产，不通过本科目核算，应当设置备查簿进行登记。

三、行政单位应当根据固定资产定义、有关主管部门对固定资产的统一分类，结合本单位的具体情况，制定适合本单位的固定资产目录、具体分类方法，作为进行固定资产核算的依据。

行政单位应当设置“固定资产登记簿”和“固定资产卡片”，按照固定资产类别、项目和使用部门等进行明细核算。出租、出借的固定资产，应当设置备查簿进行登记。

四、本科目核算的固定资产应当按照以下条件确认：

（一）购入、换入、无偿调入、接受捐赠不需安装的固定资产，在固定资产验收合格时确认。

（二）购入、换入、无偿调入、接受捐赠需要安装的固定资产，在固定资产安装完成交付使用时确认。

（三）自行建造、改建、扩建的固定资产，在建造完成交付使用时确认。

五、固定资产的主要账务处理如下：

（一）取得固定资产时，应当按照其成本入账。

1. 购入的固定资产，其成本包括实际支付的购买价款、相关税费、使固定资产交付使用前所发生的可归属于该项资产的运输费、装卸费、安装费和专业人员服务费等。

以一笔款项购入多项没有单独标价的固定资产，按照各项固定资产同类或类似固定资产市场价格的比例对总成本进行分配，分别确定各项固定资产的入账价值。

购入不需安装的固定资产，按照确定的固定资产成本，借记本科目，贷记“资产基金——固定资产”科目；同时，按照实际支付的金额，借记“经费支出”科目，贷记“财政拨款收入”、“零余额账户用款额度”、“银行存款”等科目。

购入需要安装的固定资产，先通过“在建工程”科目核算。安装完工交付使用时，借记本科目，贷记“资产基金——固定资产”科目；同时，借记“资产基金——在建工程”科目，贷记“在建工程”科目。

购入固定资产分期付款或扣留质量保证金的，在取得固定资产时，按照确定的固定资产成本，借记本科目［不需安装］或“在建工程”科目［需要安装］，贷记“资产基金——固定资产、在建工程”科目；同时，按照已实际支付的价款，借记“经费支出”科目，贷记“财政拨款收入”、“零余额账户用款额度”、“银行存款”等科目；按照应付未付的款项或扣留的质量保证金等金额，借记“待偿债净资产”科目，贷记“应付账款”或“长期应付款”科目。

2. 自行建造的固定资产，其成本包括建造该项资产至交付使用前所发生的全部必要支出。

固定资产的各组成部分需要分别核算的，按照各组成部分固定资产造价确定其成本；没有各组成部分固定资产造价的，按照各组成部分固定资产同类或类似固定资产市场造价的比例对总造价进行分配，确定各组成部分固定资产的成本。

工程完工交付使用时，按照自行建造过程中发生的实际支出，借记本科目，贷记“资产基金——固定资产”科目；同时，借记“资产基金——在建工程”科目，贷记“在建工程”科目；已交付使用但尚未办理竣工决算手续的固定资产，按照估计价值入账，待确定实际成本后再进行调整。

3. 自行繁育的动植物，其成本包括在达到可使用状态前所发生的全部必要支出。

（1）购入需要繁育的动植物，按照购入的成本，借记本科目（未成熟动植物），贷记“资产基金——固定资产”科目；同时，按照实际支付的金额，借记“经费支出”科目，贷记“财政拨款收入”、“零余额账户用款额度”、“银行存款”等科目。

（2）发生繁育费用，按照实际支付的金额，借记本科目（未成熟动植物），贷记“资产基金——固定资产”科目；同时，借记“经费支出”科目，贷记“财政拨款收入”、“零余额账户用款额度”、“银行存款”等科目。

（3）动植物达到可使用状态时，借记本科目（成熟动植物），贷记本科目（未成熟动植物）。

4. 在原有固定资产基础上进行改建、扩建、修缮的固定资产，其成本按照原固定资产的账面价值（“固定资产”科目账面余额减去“累计折旧”科目账面余额后的净值）加上改建、扩建、修缮发生的支出，再扣除固定资产拆除部分账面价值后的金额确定。

将固定资产转入改建、扩建、修缮时，按照固定资产的账面价值，借记“在建工程”科目，贷记“资产基金——在建工程”科目；同时，按照固定资产的账面价值，借记“资产基金——固定资产”科目，按照固定资产已计提折旧，借记“累计折旧”科目，按照固定资产的账面余额，贷记本科目。

工程完工交付使用时，按照确定的固定资产成本，借记本科目，贷记“资产基金——固定资产”科目；同时，借记“资产基金——在建工程”科目，贷记“在建工程”

科目。

5. 置换取得的固定资产，其成本按照换出资产的评估价值加上支付的补价或减去收到的补价，加上为换入固定资产支付的其他费用（运输费等）确定，借记本科目［不需安装］或“在建工程”科目［需安装］，贷记“资产基金——固定资产、在建工程”科目；按照实际支付的补价、相关税费、运输费等，借记“经费支出”科目，贷记“财政拨款收入”、“零余额账户用款额度”、“银行存款”等科目。

6. 接受捐赠、无偿调入的固定资产，其成本按照有关凭据注明的金额加上相关税费、运输费等确定；没有相关凭据可供取得，但依法经过资产评估的，其成本应当按照评估价值加上相关税费、运输费等确定；没有相关凭据可供取得、也未经评估的，其成本比照同类或类似固定资产的市场价格加上相关税费、运输费等确定；没有相关凭据也未经评估，其同类或类似固定资产的市场价格无法可靠取得，所取得的固定资产应当按照名义金额入账。

接受捐赠、无偿调入的固定资产，按照确定的成本，借记本科目［不需安装］或“在建工程”科目［需要安装］，贷记“资产基金——固定资产、在建工程”科目；按照实际支付的相关税费、运输费等，借记“经费支出”科目，贷记“财政拨款收入”、“零余额账户用款额度”、“银行存款”等科目。

（二）按月计提固定资产折旧时，按照实际计提的金额，借记“资产基金——固定资产”科目，贷记“累计折旧”科目。

（三）与固定资产有关的后续支出，分以下情况处理：

1. 为增加固定资产使用效能或延长其使用寿命而发生的改建、扩建或修缮等后续支出，应当计入固定资产成本，通过“在建工程”科目核算，完工交付使用时转入本科目。有关账务处理参见“在建工程”科目。

2. 为维护固定资产正常使用而发生的日常修理等后续支出，应当计入当期支出但不计入固定资产成本，借记“经费支出”科目，贷记“财政拨款收入”、“零余额账户用款额度”、“银行存款”等科目。

（四）出售、置换换出固定资产。

经批准出售、置换换出的固定资产转入待处理财产损溢时，按照固定资产的账面价值，借记“待处理财产损溢”科目，按照已计提折旧，借记“累计折旧”科目，按照固定资产的账面余额，贷记本科目。

（五）无偿调出、对外捐赠固定资产。

经批准无偿调出、对外捐赠固定资产时，按照固定资产的账面价值，借记“资产基金——固定资产”科目，按照已计提折旧，借记“累计折旧”科目，按照固定资产的账面余额，贷记本科目。

无偿调出、对外捐赠固定资产发生由行政单位承担的拆除费用、运输费等，按照实际支付的金额，借记“经费支出”科目，贷记“财政拨款收入”、“零余额账户用款额度”、“银行存款”等科目。

（六）报废、损毁固定资产。

报废、损毁的固定资产转入待处理财产损溢时，按照固定资产的账面价值，借记“待处理财产损溢”科目，按照已计提折旧，借记“累计折旧”科目，按照固定资产的账面余额，贷记本科目。

（七）盘盈、盘亏固定资产。

行政单位的固定资产应当定期进行清查盘点，每年至少盘点一次。对于固定资产发生盘盈、盘亏的，应当及时查明原因，按照规定报经批准后进行账务处理。

1. 盘盈的固定资产，按照取得同类或类似固定资产的实际成本确定入账价值；没有同类或类似固定资产的实际成本，按照同类或类似固定资产的市场价格确定入账价值；同类或类似固定资产的实际成本或市场价格无法可靠取得，按照名义金额入账。

盘盈的固定资产，按照确定的入账价值，借记本科目，贷记“待处理财产损溢”科目。

2. 盘亏的固定资产，按照盘亏固定资产的账面价值，借记“待处理财产损溢”科目，按照已计提折旧，借记“累计折旧”科目，按照固定资产账面余额，贷记本科目。

六、本科目期末借方余额，反映行政单位固定资产的原价。

1502　累计折旧

一、本科目核算行政单位固定资产、公共基础设施计提的累计折旧。

二、本科目应当按照固定资产、公共基础设施的类别、项目等进行明细核算。占有公共基础设施的行政单位，应当在本科目下设置“固定资产累计折旧”和“公共基础设施累计折旧”两个一级明细科目，分别核算对固定资产和公共基础设施计提的折旧。

三、行政单位对下列固定资产不计提折旧：

（一）文物及陈列品；

（二）图书、档案；

（三）动植物；

（四）以名义金额入账的固定资产；

（五）境外行政单位持有的能够与房屋及构筑物区分、拥有所有权的土地。

四、固定资产、公共基础设施计提折旧是指在固定资产、公共基础设施预计使用寿命内，按照确定的方法对应折旧金额进行系统分摊。有关说明如下：

（一）行政单位应当根据固定资产、公共基础设施的性质和实际使用情况，合理确定其折旧年限。省级以上财政部门、主管部门对行政单位固定资产、公共基础设施折旧年限作出规定的，从其规定。

（二）行政单位一般应当采用年限平均法或工作量法计提固定资产、公共基础设施折旧。

（三）行政单位固定资产、公共基础设施的应折旧金额为其成本，计提固定资产、公共基础设施折旧不考虑预计净残值。

（四）行政单位一般应当按月计提固定资产、公共基础设施折旧。当月增加的固定资产、公共基础设施，当月不提折旧，从下月起计提折旧；当月减少的固定资产、公共基础设施，当月照提折旧，从下月起不提折旧。

（五）固定资产、公共基础设施提足折旧后，无论能否继续使用，均不再计提折旧；提前报废的固定资产、公共基础设施，也不再补提折旧；已提足折旧的固定资产、公共基础设施，可以继续使用的，应当继续使用，规范管理。

（六）固定资产、公共基础设施因改建、扩建或修缮等原因而提高使用效能或延长使用年限的，应当按照重新确定的固定资产、公共基础设施成本以及重新确定的折旧年限，重新计算折旧额。

五、累计折旧的主要账务处理如下：

（一）按月计提固定资产、公共基础设施折旧时，按照应计提折旧金额，借记“资产基金——固定资产、公共基础设施”科目，贷记本科目。

（二）固定资产、公共基础设施处置时，按照所处置固定资产、公共基础设施的账面价值，借记“待处理财产损溢”科目［出售、置换换出、报废、损毁、盘亏］或“资产基金——固定资产、公共基础设施”科目［无偿调出、对外捐赠］，按照固定资产、公共基础设施已计提折旧，借记本科目，按照固定资产、公共基础设施的账面余额，贷记“固定资产”、“公共基础设施”科目。

六、本科目期末贷方余额，反映行政单位计提的固定资产、公共基础设施折旧累计数。

1511 在建工程

一、本科目核算行政单位已经发生必要支出，但尚未完工交付使用的各种建筑（包括新建、改建、扩建、修缮等）、设备安装工程和信息系统建设工程的实际成本。不能够增加固定资产、公共基础设施使用效能或延长其使用寿命的修缮、维护等，不通过本科目核算。

二、本科目应当按照具体工程项目等进行明细核算；需要分摊计入不同工程项目的间接工程成本，应当通过本科目下设置的“待摊投资”明细科目核算。

三、行政单位的基本建设投资应当按照国家有关规定单独建账、单独核算，同时按照本制度的规定至少按月并入本科目及其他相关科目反映。

行政单位应当在本科目下设置“基建工程”明细科目，核算由基建账套并入的在建工程成本。有关基建并账的具体账务处理另行规定。

四、在建工程应当在属于在建工程的成本发生时确认。

五、在建工程（非基本建设项目）的主要账务处理如下：

（一）建筑工程。

1. 将固定资产转入改建、扩建或修缮等时，按照固定资产的账面价值，借记本科目，贷记“资产基金——在建工程”科目；同时，按照固定资产的账面价值，借记“资产基金——固定资产”科目，按照固定资产已计提折旧，借记“累计折旧”科目，按照固定资产的账面余额，贷记“固定资产”科目。

2. 将改建、扩建或修缮的建筑部分拆除时，按照拆除部分的账面价值［没有固定资产拆除部分的账面价值的，比照同类或类似固定资产的实际成本或市场价格及其拆除部分占全部固定资产价值的比例确定］，借记“资产基金——在建工程”科目，贷记本科目。

改建、扩建或修缮的建筑部分拆除获得残值收入时，借记“银行存款”等科目，贷记“经费支出”科目；同时，借记“资产基金——在建工程”科目，贷记本科目。

3. 根据工程进度支付工程款时，按照实际支付的金额，借记“经费支出”科目，贷记“财政拨款收入”、“零余额账户用款额度”、“银行存款”等科目；同时按照相同的金额，借记本科目，贷记“资产基金——在建工程”科目。

根据工程价款结算账单与施工企业结算工程价款时，按照工程价款结算账单上列明的金额（扣除已支付的金额），借记本科目，贷记“资产基金——在建工程”科目；同时，按照实际支付的金额，借记“经费支出”科目，贷记“财政拨款收入”、“零余额账户用款额度”、“银行存款”等科目，按照应付未付的金额，借记“待偿债净资产”科目，贷记“应付账款”科目。

4. 支付工程价款结算账单以外的款项时，借记本科目，贷记“资产基金——在建工程”科目；同时，借记“经费支出”科目，贷记“财政拨款收入”、“零余额账户用款额度”、“银行存款”等科目。

5. 工程项目结束，需要分摊间接工程成本的，按照应当分摊到该项目的间接工程成本，借记本科目（××项目），贷记本科目（待摊投资）。

6. 建筑工程项目完工交付使用时，按照交付使用工程的实际成本，借记“资产基金——在建工程”科目，贷记本科目；同时，借记“固定资产”、“无形资产”科目（交付使用的工程项目中有能够单独区分成本的无形资产），贷记“资产基金——固定资产、无形资产”科目。

7. 建筑工程项目完工交付使用时扣留质量保证金的，按照扣留的质量保证金金额，借记“待偿债净资产”科目，贷记“长期应付款”等科目。

8. 为工程项目配套而建成的、产权不归属本单位的专用设施，将专用设施产权移交其他单位时，按照应当交付专用设施的实际成本，借记“资产基金——在建工程”科目，贷记本科目。

9. 工程完工但不能形成资产的项目，应当按照规定报经批准后予以核销。转入待处理财产损溢时，按照不能形成资产的工程项目的实际成本，借记“待处理财产损溢”科目，贷记本科目。

（二）设备安装。

1. 购入需要安装的设备，按照购入的成本，借记本科目，贷记“资产基金——在建工程”科目；同时，按照实际支付的金额，借记“经费支出”科目，贷记“财政拨款收入”、“零余额账户用款额度”、“银行存款”等科目。

2. 发生安装费用时，按照实际支付的金额，借记本科目，贷记“资产基金——在建工程”科目；同时，借记“经费支出”科目，贷记“财政拨款收入”、“零余额账户用款额度”、“银行存款”等科目。

3. 设备安装完工交付使用时，按照交付使用设备的实际成本，借记“资产基金——在建工程”科目，贷记本科目；同时，借记“固定资产”、“无形资产”科目（交付使用的设备中有能够单独区分成本的无形资产），贷记“资产基金——固定资产、无形资产”科目。

（三）信息系统建设。

1. 发生各项建设支出时，按照实际支付的金额，借记本科目，贷记“资产基金——在建工程”科目；同时，借记“经费支出”科目，贷记“财政拨款收入”、“零余额账户用款额度”、“银行存款”等科目。

2. 信息系统建设完成交付使用时，按照交付使用信息系统的实际成本，借记“资产基金——在建工程”科目，贷记本科目；同时，借记“固定资产”、“无形资产”科目，贷记“资产基金——固定资产、无形资产”科目。

（四）在建工程的损毁。

损毁的在建工程成本，应当转入“待处理财产损溢”科目进行处理。转入待处理财产损溢时，借记“待处理财产损溢”科目，贷记本科目。

六、本科目期末借方余额，反映行政单位尚未完工的在建工程的实际成本。

1601 无形资产

一、本科目核算行政单位各项无形资产的原价。

本科目核算的无形资产是指不具有实物形态而能为行政单位提供某种权利的非货币性资产，包括著作权、土地使用权、专利权、非专利技术等。

行政单位购入的不构成相关硬件不可缺少组成部分的软件，应当作为无形资产核算。

二、本科目应当按照无形资产的类别、项目等进行明细核算。

三、无形资产应当在完成对其权属的规定登记或其他证明单位取得无形资产时确认。

四、无形资产的主要账务处理如下：

（一）取得无形资产时，应当按照其实际成本入账。

1. 外购的无形资产，其成本包括实际支付的购买价款、相关税费以及可归属于该项资产达到预定用途所发生的其他支出。

购入的无形资产，按照确定的成本，借记本科目，贷记“资产基金——无形资产”科目；同时，按照实际支付的金额，借记“经费支出”科目，贷记“财政拨款收入”、“零余额账户用款额度”、“银行存款”等科目。

购入无形资产尚未付款的，取得无形资产时，按照确定的成本，借记本科目，贷记“资产基金——无形资产”科目；同时，按照应付未付的款项金额，借记“待偿债净资产”科目，贷记“应付账款”科目。

2. 委托软件公司开发软件，视同外购无形资产进行处理。

（1）软件开发前按照合同约定预付开发费用时，借记“预付账款”科目，贷记“资产基金——预付款项”科目；同时，借记“经费支出”科目，贷记“财政拨款收入”、“零余额账户用款额度”、“银行存款”等科目。

（2）软件开发完成交付使用，并支付剩余或全部软件开发费用时，按照软件开发费用总额，借记本科目，贷记“资产基金——无形资产”科目；按照实际支付的金额，借记“经费支出”科目，贷记“财政拨款收入”、“零余额账户用款额度”、“银行存款”等科目；按照冲销的预付开发费用，借记“资产基金——预付款项”科目，贷记“预付账款”科目。

3. 自行开发并按法律程序申请取得的无形资产，按照依法取得时发生的注册费、聘请律师费等费用确定成本。

取得无形资产时，按照确定的成本，借记本科目，贷记“资产基金——无形资产”科目；同时，按照实际支付的金额，借记“经费支出”科目，贷记“财政拨款收入”、“零余额账户用款额度”、“银行存款”等科目。

依法取得前所发生的研究开发支出，应当于发生时直接计入当期支出，但不计入无形资产的成本。借记“经费支出”科目，贷记“财政拨款收入”、“零余额账户用款额度”、“财政应返还额度”、“银行存款”等科目。

4. 置换取得的无形资产，其成本按照换出资产的评估价值加上支付的补价或减去收到的补价，加上为换入无形资产支付的其他费用（登记费等）确定。

置换取得的无形资产，按照确定的成本，借记本科目，贷记“资产基金——无形资产”科目；按照实际支付的补价、相关税费等，借记“经费支出”科目，贷记“财政拨款收入”、“零余额账户用款额度”、“银行存款”等科目。

5. 接受捐赠、无偿调入的无形资产，其成本按照有关凭据注明的金额加上相关税费确定；没有相关凭据可供取得，但依法经过资产评估的，其成本应当按照评估价值加上相关税费确定；没有相关凭据可供取得，也未经评估的，其成本比照同类或类似资产的市场价格加上相关税费确定；没有相关凭据也未经评估，其同类或类似无形资产的市场价格无法可靠取得，所取得的无形资产应当按照名义金额入账。

接受捐赠、无偿调入无形资产时，按照确定的无形资产成本，借记本科目，贷记“资产基金——无形资产”科目；按照发生的相关税费，借记“经费支出”科目，贷记“零余额账户用款额度”、“银行存款”等科目。

（二）按月计提无形资产摊销时，按照应计提的金额，借记“资产基金——无形资产”科目，贷记“累计摊销”科目。

（三）与无形资产有关的后续支出，分以下情况处理：

1. 为增加无形资产使用效能而发生的后续支出，如对软件进行升级改造或扩展其功能等所发生的支出，应当计入无形资产的成本，借记本科目，贷记“资产基金——无形资产”科目；同时，借记“经费支出”科目，贷记“财政拨款收入”、“零余额账户用款额度”、“银行存款”等科目。

2. 为维护无形资产的正常使用而发生的后续支出，如对软件进行的漏洞修补、技术维护等所发生的支出，应当计入当期支出但不计入无形资产的成本，借记“经费支出”科目，贷记“财政拨款收入”、“零余额账户用款额度”、“银行存款”等科目。

（四）报经批准出售、置换换出无形资产转入待处理财产损溢时，按照待出售、置换换出无形资产的账面价值，借记“待处理财产损溢”科目，按照已计提摊销，借记“累计摊销”科目，按照无形资产的账面余额，贷记本科目。

（五）报经批准无偿调出、对外捐赠无形资产，按照无偿调出、对外捐赠无形资产的账面价值，借记“资产基金——无形资产”科目，按照已计提摊销，借记“累计摊销”科目，按照无形资产的账面余额，贷记本科目。无偿调出、对外捐赠无形资产发生由行政单位承担的相关费用支出等，按照实际支付的金额，借记“经费支出”科目，贷记“财政拨款收入”、“零余额账户用款额度”、“银行存款”等科目。

（六）无形资产预期不能为行政单位带来服务潜力或经济利益的，应当按规定报经批准后将无形资产的账面价值予以核销。

待核销的无形资产转入待处理财产损溢时，按照待核销无形资产的账面价值，借记“待处理财产损溢”科目，按照已计提摊销，借记“累计摊销”科目，按照无形资产的账面余额，贷记本科目。

五、本科目期末借方余额，反映行政单位无形资产的原价。

1602　累计摊销

一、本科目核算行政单位无形资产计提的累计摊销。

二、本科目应当按照无形资产的类别、项目等进行明细核算。

三、行政单位应当对无形资产进行摊销，以名义金额计量的无形资产除外。

摊销是指在无形资产使用寿命内，按照确定的方法对应摊销金额进行系统分摊。有关说明如下：

（一）行政单位应当按照以下原则确定无形资产的摊销年限：

1. 法律规定了有效年限的，按照法律规定的有效年限作为摊销年限；

2. 法律没有规定有效年限的，按照相关合同或单位申请书中的受益年限作为摊销年限；

3. 法律没有规定有效年限、相关合同或单位申请书也没有规定受益年限的，按照不少于 10 年的期限摊销。

4. 非大批量购入、单价小于 1000 元的无形资产，可以于购买的当期，一次将成本全部摊销。

（二）行政单位应当采用年限平均法计提无形资产摊销。

（三）行政单位无形资产的应摊销金额为其成本。

（四）行政单位应当自无形资产取得当月起，按月计提摊销；无形资产减少的当月，不再计提摊销。

（五）无形资产提足摊销后，无论能否继续带来服务潜力或经济利益，均不再计提摊销；核销的无形资产，如果未提足摊销，也不再补提摊销。

（六）因发生后续支出而增加无形资产成本的，应当按照重新确定的无形资产成本，重新计算摊销额。

四、累计摊销的主要账务处理如下：

（一）按月计提无形资产摊销时，按照应计提摊销金额，借记“资产基金——无形资产”科目，贷记本科目。

（二）无形资产处置时，按照所处置无形资产的账面价值，借记“待处理财产损溢”科目［出售、置换换出、核销］或“资产基金——无形资产”科目［无偿调出、对外捐赠］，按照已计提摊销，借记本科目，按照无形资产的账面余额，贷记“无形资产”科目。

五、本科目期末贷方余额，反映行政单位计提的无形资产摊销累计数。

1701 待处理财产损溢

一、本科目核算行政单位待处理财产的价值及财产处理损溢。

行政单位财产的处理包括资产的出售、报废、损毁、盘盈、盘亏，以及货币性资产损失核销等。

二、本科目应当按照待处理财产项目进行明细核算；对于在财产处理过程中取得收入或发生相关费用的项目，还应当设置“待处理财产价值”、“处理净收入”明细科目，进行明细核算。

三、行政单位财产的处理，一般应当先记入本科目，按照规定报经批准后及时进行相应的账务处理。年终结账前一般应处理完毕。

四、待处理财产损溢的主要账务处理如下：

（一）按照规定报经批准处理无法查明原因的现金短缺或溢余。

1. 属于无法查明原因的现金短缺，报经批准核销的，借记“经费支出”科目，贷记本科目。

2. 属于无法查明原因的现金溢余，报经批准后，借记本科目，贷记“其他收入”科目。

（二）按照规定报经批准核销无法收回的应收账款、其他应收款。

1. 转入待处理财产损溢时，借记本科目，贷记“应收账款”、“其他应收款”科目。

2. 报经批准对无法收回的其他应收款予以核销时，借记“经费支出”科目，贷记本科目；对无法收回的应收账款予以核销时，借记“其他应付款”等科目，贷记本科目。

（三）按照规定报经批准核销预付账款、无形资产。

1. 转入待处理财产损溢时，借记本科目［核销无形资产的，还应借记“累计摊销”科目］，贷记“预付账款”、“无形资产”科目。

2. 报经批准予以核销时，借记“资产基金——预付款项、无形资产”科目，贷记本科目。

（四）出售、置换换出存货、固定资产、无形资产、政府储备物资等。

1. 转入待处理财产损溢时，借记本科目（待处理财产价值）［出售、置换换出固定资产的，还应当借记“累计折旧”科目；出售、置换换出无形资产的，还应当借记“累计摊销”科目］，贷记“存货”、“固定资产”、“无形资产”、“政府储备物资”等科目。

2. 实现出售、置换换出时，借记“资产基金”及相关明细科目，贷记本科目（待处理财产价值）。

3. 出售、置换换出资产过程中收到价款、补价等收入，借记“库存现金”、“银行存款”等科目，贷记本科目（处理净收入）。

4. 出售、置换换出资产过程中发生相关费用，借记本科目（处理净收入），贷记“库存现金”、“银行存款”、“应缴税费”等科目。

5. 出售、置换换出完毕并收回相关的应收账款后，按照处置收入扣除相关税费后的净收入，借记本科目（处理净收入），贷记“应缴财政款”。如果处置收入小于相关税费的，按照相关税费减去处置收入后的净支出，借记“经费支出”科目，贷记本科目（处理净收入）。

（五）盘亏、损毁、报废各种实物资产。

1. 转入待处理财产损溢时，借记本科目（待处理财产价值）［处置固定资产、公共基础设施的，还应当借记“累计折旧”科目］，贷记“存货”、“固定资产”、“在建工程”、“政府储备物资”、“公共基础设施”等科目。

2. 报经批准予以核销时，借记“资产基金”及相关明细科目，贷记本科目（待处理财产价值）。

3. 损毁、报废各种实物资产过程中取得的残值变价收入、发生相关费用，以及取得的残值变价收入扣除相关费用后的净收入或净支出的账务处理，比照本科目“四（四）”有关出售资产进行处理。

（六）核销不能形成资产的在建工程成本。

转入待处理财产损溢时，借记本科目，贷记“在建工程”科目。报经批准予以核销时，借记“资产基金——在建工程”科目，贷记本科目。

（七）盘盈存货、固定资产、政府储备物资等实物资产。

转入待处理财产损溢时，借记“存货”、“固定资产”、“政府储备物资”等科目，贷记本科目。报经批准予以处理时，借记本科目，贷记“资产基金”及相关明细科目。

五、本科目期末如为借方余额，反映尚未处理完毕的各种财产的价值及净损失；期末如为贷方余额，反映尚未处理完毕的各种财产净溢余。年度终了，报经批准处理后，本科目一般应无余额。

1801 政府储备物资

一、本科目核算行政单位直接储存管理的各项政府应急或救灾储备物资等。

负责采购并拥有储备物资调拨权力的行政单位（简称“采购单位”）将政府储备物资交由其他行政单位（简称“代储单位”）代为储存的，由采购单位通过本科目核算政府储备物资，代储单位将受托代储的政府储备物资作为受托代理资产核算。

二、本科目应当按照政府储备物资的种类、品种、存放地点等进行明细核算。

三、政府储备物资应当在其到达存放地点并验收时确认。

四、政府储备物资的主要账务处理如下：

（一）取得政府储备物资时，应当按照其成本入账。

1. 购入的政府储备物资，其成本包括购买价款、相关税费、运输费、装卸费、保险费以及其他使政府储备物资达到目前场所和状态所发生的支出；单位支付的政府储备物资保管费、仓库租赁费等日常储备费用，不计入政府储备物资的成本。

购入的政府储备物资验收入库，按照确定的成本，借记本科目，贷记“资产基金——政府储备物资”科目；同时，按实际支付的金额，借记“经费支出”科目，贷记“财政拨款收入”、“零余额账户用款额度”、“银行存款”等科目。

2. 接受捐赠、无偿调入的政府储备物资，其成本按照有关凭据注明的金额加上相关税费、运输费等确定；没有相关凭据可供取得，但依法经过资产评估的，其成本应当按照评估价值加上相关税费、运输费等确定；没有相关凭据可供取得、也未经评估的，其成本比照同类或类似政府储备物资的市场价格加上相关税费、运输费等确定。

接受捐赠、无偿调入的政府储备物资验收入库，按照确定的成本，借记本科目，贷记“资产基金——政府储备物资”科目，由行政单位承担运输费用等的，按实际支付的相关税费、运输费等金额，借记“经费支出”科目，贷记“财政拨款收入”、“零余额账户用款额度”、“银行存款” 等科目。

（二）政府储备物资发出时，应当根据实际情况采用先进先出法、加权平均法或者个别计价法确定发出政府储备物资的实际成本。计价方法一经确定，不得随意变更。

1. 经批准对外捐赠、无偿调出政府储备物资时，按照对外捐赠、无偿调出政府储备物资的实际成本，借记“资产基金——政府储备物资”科目，贷记本科目。

对外捐赠、无偿调出政府储备物资发生由行政单位承担的运输费等支出时，借记“经费支出”科目，贷记“财政拨款收入”、“零余额账户用款额度”、“银行存款”等科目。

2. 行政单位报经批准将不需储备的物资出售时，应当转入待处理财产损溢，按照相关储备物资的账面余额，借记“待处理财产损溢”科目，贷记本科目。

五、盘盈、盘亏或报废、损毁政府储备物资。

行政单位管理的政府储备物资应当定期进行清查盘点，每年至少盘点一次。对于发生的政府储备物资盘盈、盘亏或者报废、损毁，应当及时查明原因，按规定报经批准后进行账务处理。

1. 盘盈的政府储备物资，按照取得同类或类似政府储备物资的实际成本确定入账价值；没有同类或类似政府储备物资的实际成本，按照同类或类似政府储备物资的市场价格确定入账价值。

盘盈的政府储备物资，按照确定的入账价值，借记本科目，贷记“待处理财产损溢”科目。

2. 盘亏或者报废、损毁的政府储备物资，转入待处理财产损溢时，按照其账面余额，借记“待处理财产损溢”科目，贷记本科目。

六、本科目期末借方余额，反映行政单位管理的政府储备物资的实际成本。

1802 公共基础设施

一、本科目核算由行政单位占有并直接负责维护管理、供社会公众使用的工程性公共基础设施资产，包括城市交通设施、公共照明设施、环保设施、防灾设施、健身设施、广场及公共构筑物等其他公共设施。

与公共基础设施配套使用的修理设备、工具器具、车辆等动产，作为管理公共基础设施的行政单位的固定资产核算，不通过本科目核算。

与公共基础设施配套、供行政单位在公共基础设施管理中自行使用的房屋构筑物等，能够与公共基础设施分开核算的，作为行政单位的固定资产核算，不通过本科目核算。

二、本科目应当按照公共基础设施的类别和项目进行明细核算。

三、行政单位应当结合本单位的具体情况，制定适合于本单位管理的公共基础设施目录、分类方法，作为进行公共基础设施核算的依据。

四、公共基础设施应当在对其取得占有权利时确认。

五、公共基础设施的主要账务处理如下：

（一）公共基础设施在取得时，应当按照其成本入账。

1. 行政单位自行建设的公共基础设施，其成本包括建造该公共基础设施至交付使用前所发生的全部必要支出。

公共基础设施的各组成部分需要分别核算的，按照各组成部分公共基础设施造价确定其成本；没有各组成部分公共基础设施造价的，按照各组成部分公共基础设施同类或类似市场造价的比例对总造价进行分配，确定各组成部分公共基础设施的成本。

公共基础设施建设完工交付使用时，按照确定的成本，借记本科目，贷记“资产基金——公共基础设施”科目；同时，借记“资产基金——在建工程”科目，贷记“在建工程”科目。已交付使用但尚未办理竣工决算手续的公共基础设施，按照估计价值入账，待确定实际成本后再进行调整。

2. 接受其他单位移交的公共基础设施，其成本按照公共基础设施的原账面价值确认，借记本科目，贷记“资产基金——公共基础设施”科目。

（二）公共基础设施的后续支出。

与公共基础设施有关的后续支出，分以下情况处理：

1. 为增加公共基础设施使用效能或延长其使用寿命而发生的改建、扩建或大型修缮等后续支出，应当计入公共基础设施成本，通过“在建工程”科目核算，完工交付使用时转入本科目。

2. 为维护公共基础设施的正常使用而发生的日常修理等后续支出，应当计入当期支出，借记有关支出科目，贷记“财政拨款收入”、“零余额账户用款额度”、“银行存款”等科目。

（三）公共基础设施的处置。

行政单位管理的公共基础设施向其他单位移交、损毁、报废时，应当按照规定报经批准后进行账务处理。

1. 经批准向其他单位移交公共基础设施时，按照移交公共基础设施的账面价值，借记“资产基金——公共基础设施”科目，按照已计提折旧，借记“累计折旧”科目，按照公共基础设施的账面余额，贷记本科目。

2. 报废、损毁的公共基础设施，转入待处理财产损溢时，按照待处理公共基础设施的账面价值，借记“待处理财产损溢”科目，按照已计提折旧，借记“累计折旧”科目，按照公共基础设施的账面余额，贷记本科目。

六、本科目期末借方余额，反映行政单位管理的公共基础设施的实际成本。

1901　受托代理资产

一、本科目核算行政单位接受委托方委托管理的各项资产，包括受托指定转赠的物资、受托储存管理的物资等。

行政单位收到受托代理资产为现金和银行存款的，不通过本科目核算，应当通过“库存现金”、“银行存款”科目进行核算。

二、本科目应当按照资产的种类和委托人进行明细核算；属于转赠资产的，还应当按照受赠人进行明细核算。

三、受托代理资产应当在行政单位收到受托代理的资产时确认。

四、受托代理资产的主要账务处理如下：

（一）受托转赠物资。

1. 接受委托人委托需要转赠给受赠人的物资，其成本按照有关凭据注明的金额确定；没有相关凭据可供取得的，其成本比照同类或类似物资的市场价格确定。

接受委托转赠的物资验收入库，按照确定的成本，借记本科目，贷记“受托代理负债”科目；受托协议约定由行政单位承担相关税费、运输费等的，还应当按照实际支付的相关税费、运输费等金额，借记“经费支出”科目，贷记“银行存款”等科目。

2. 将受托转赠物资交付受赠人时，按照转赠物资的成本，借记“受托代理负债”科目，贷记本科目。

3. 转赠物资的委托人取消了对捐赠物资的转赠要求，且不再收回捐赠物资的，应当将转赠物资转为存货或固定资产，按照转赠物资的成本，借记“受托代理负债”科目，贷记本科目；同时，借记“存货”、“固定资产”科目，贷记“资产基金——存货、固定资产”科目。

（二）受托储存管理物资。

1. 接受委托人委托储存管理的物资，其成本按照有关凭据注明的金额确定。

接受委托储存的物资验收入库，按照确定的成本，借记本科目，贷记“受托代理负债”科目。

2. 支付由受托单位承担的与受托储存管理的物资相关的运输费、保管费等费用时，按照实际支付的金额，借记“经费支出”科目，贷记“银行存款”等科目。

3. 根据委托人要求交付受托储存管理的物资时，按照储存管理物资的成本，借记“受托代理负债”科目，贷记本科目。

五、本科目期末借方余额，反映单位受托代理资产中实物资产的价值。

二、负债类

2001 应缴财政款

一、本科目核算行政单位取得的按规定应当上缴财政的款项，包括罚没收入、行政事业性收费、政府性基金、国有资产处置和出租收入等。行政单位按照国家税法等有关规定应当缴纳的各种税费，通过“应缴税费”科目核算，不在本科目核算。

二、本科目应当按照应缴财政款项的类别进行明细核算。

三、应缴财政款应当在收到应缴财政的款项时确认。

四、应缴财政款的主要账务处理如下：

（一）取得按照规定应当上缴财政的款项时，借记“银行存款”等科目，贷记本科目。

（二）处置资产取得应当上缴财政的处置净收入的账务处理，参见“待处理财产损溢”科目。

（三）上缴应缴财政的款项时，按照实际上缴的金额，借记本科目，贷记“银行存款”科目。

五、本科目贷方余额，反映行政单位应当上缴财政但尚未缴纳的款项。年终清缴后，本科目一般应无余额。

2101 应缴税费

一、本科目核算行政单位按照税法等规定应当缴纳的各种税费，包括营业税、城市维护建设税、教育费附加、房产税、车船税、城镇土地使用税等。行政单位代扣代缴的个人所得税，也通过本科目核算。

二、本科目应当按照应缴纳的税费种类进行明细核算。

三、应缴税费应当在产生缴纳税费义务时确认。

四、应缴税费的主要账务处理如下：

（一）因资产处置等发生营业税、城市维护建设税、教育费附加等缴纳义务的，按照税法等规定计算的应缴税费金额，借记“待处理财产损溢”科目，贷记本科目；实际缴纳时，借记本科目，贷记“银行存款”等科目。

（二）因出租资产等发生营业税、城市维护建设税、教育费附加等缴纳义务的，按照税法等规定计算的应缴税费金额，借记“应缴财政款”等科目，贷记本科目；实际缴纳时，借记本科目，贷记“银行存款”等科目。

（三）代扣代缴个人所得税，按照税法等规定计算的应代扣代缴的个人所得税金额，借记“应付职工薪酬”科目［从职工工资中代扣个人所得税］或“经费支出”科目［从劳务费中代扣个人所得税］，贷记本科目。实际缴纳时，借记本科目，贷记“财政拨款收入”、“零余额账户用款额度”、“银行存款”等科目。

五、本科目期末贷方余额，反映行政单位应缴未缴的税费金额。

2201 应付职工薪酬

一、本科目核算行政单位按照有关规定应付给职工及为职工支付的各种薪酬，包括基本工资、奖金、国家统一规定的津贴补贴、社会保险费、住房公积金等。

二、本科目应当根据国家有关规定按照“工资（离退休费）”、“地方（部门）津贴补贴”、“其他个人收入”以及“社会保险费”、“住房公积金”等进行明细核算。

三、应付职工薪酬应当在规定支付职工薪酬的时间确认。

四、应付职工薪酬的主要账务处理如下：

（一）发生应付职工薪酬时，按照计算出的应付职工薪酬金额，借记“经费支出”科目，贷记本科目。

（二）向职工支付工资、津贴补贴等薪酬时，按照实际支付的金额，借记本科目，贷记“财政拨款收入”、“零余额账户用款额度”、“银行存款”等科目。

从应付职工薪酬中代扣为职工垫付的水电费、房租等费用时，按照实际扣除的金额，借记本科目（工资），贷记“其他应收款”等科目。

从应付职工薪酬中代扣代缴个人所得税，按照代扣代缴的金额，借记本科目（工资），贷记“应缴税费”科目。

从应付职工薪酬中代扣代缴社会保险费和住房公积金，按照代扣代缴的金额，借记本科目（工资），贷记“其他应付款”科目。

（三）缴纳单位为职工承担的社会保险费和住房公积金时，借记本科目（社会保险费、住房公积金），贷记“财政拨款收入”、“零余额账户用款额度”、“银行存款”等科目。

五、本科目期末贷方余额，反映行政单位应付未付的职工薪酬。

2301 应付账款

一、本科目核算行政单位因购买物资或服务、工程建设等而应付的偿还期限在1年以内（含1年）的款项。

二、本科目应当按照债权单位（或个人）进行明细核算。

三、应付账款应当在收到所购物资或服务、完成工程时确认。

四、应付账款的主要账务处理如下：

（一）收到所购物资或服务、完成工程但尚未付款时，按照应付未付款项的金额，借记“待偿债净资产”科目，贷记本科目。

（二）偿付应付账款时，借记本科目，贷记“待偿债净资产”科目；同时，借记“经费支出”科目，贷记“财政拨款收入”、“零余额账户用款额度”、“银行存款”等科目。

（三）无法偿付或债权人豁免偿还的应付账款，应当按照规定报经批准后进行账务处理。经批准核销时，借记本科目，贷记“待偿债净资产”科目。核销的应付账款应在备查簿中保留登记。

五、本科目期末贷方余额，反映行政单位尚未支付的应付账款。

2302 应付政府补贴款

一、本科目核算负责发放政府补贴的行政单位，按照规定应当支付给政府补贴接受者的各种政府补贴款。

二、本科目应当按照应支付的政府补贴种类进行明细核算。行政单位还应当按照补贴接受者建立备查簿，进行相应明细核算。

三、应付政府补贴款应当在规定发放政府补贴的时间确认。

四、应付政府补贴款的主要账务处理如下：

（一）发生应付政府补贴时，按照规定计算出的应付政府补贴金额，借记“经费支出”科目，贷记本科目。

（二）支付应付的政府补贴款时，借记本科目，贷记“零余额账户用款额度”、“银行存款”等科目。

五、本科目期末贷方余额，反映行政单位应付未付的政府补贴金额。

2305　其他应付款

一、本科目核算行政单位除应缴财政款、应缴税费、应付职工薪酬、应付政府补贴款、应付账款以外的其他各项偿还期在 1 年以内（含 1 年）的应付及暂存款项，如收取的押金、保证金、未纳入行政单位预算管理的转拨资金、代扣代缴职工社会保险费和住房公积金等。

二、本科目应当按照其他应付款的类别以及债权单位（或个人）进行明细核算。

三、其他应付款的主要账务处理如下：

（一）发生其他各项应付及暂存款项时，借记“银行存款”等科目，贷记本科目。

（二）支付其他各项应付及暂存款项时，借记本科目，贷记“银行存款”等科目。

（三）因故无法偿付或债权人豁免偿还的其他应付款项，应当按规定报经批准后进行账务处理。经批准核销时，借记本科目，贷记“其他收入”科目。核销的其他应付款应在备查簿中保留登记。

四、本科目期末贷方余额，反映行政单位尚未支付的其他应付款。

2401　长期应付款

一、本科目核算行政单位发生的偿还期限超过 1 年（不含 1 年）的应付款项，如跨年度分期付款购入固定资产的价款等。

二、本科目应当按照长期应付款的类别以及债权单位（或个人）进行明细核算。

三、长期应付款应当按照以下条件确认：

（一）因购买物资、服务等发生的长期应付款，应当在收到所购物资或服务时确认。

（二）因其他原因发生的长期应付款，应当在承担付款义务时确认。

四、长期应付款的主要账务处理如下：

（一）发生长期应付款时，按照应付未付的金额，借记“待偿债净资产”科目，贷记本科目。

（二）偿付长期应付款时，借记“经费支出”科目，贷记“财政拨款收入”、“零余额账户用款额度”、“银行存款”等科目；同时，借记本科目，贷记“待偿债净资产”科目。

（三）无法偿付或债权人豁免偿还的长期应付款，应当按照规定报经批准后进行账务处理。经批准核销时，借记本科目，贷记“待偿债净资产”科目。核销的长期应付款应在备查簿中保留登记。

五、本科目期末贷方余额，反映行政单位尚未支付的长期应付款。

2901 受托代理负债

一、本科目核算行政单位接受委托，取得受托管理资产时形成的负债。

二、本科目应当按照委托人等进行明细核算；属于指定转赠物资和资金的，还应当按照指定受赠人进行明细核算。

三、受托代理负债应当在行政单位收到受托代理资产并产生受托代理义务时确认。

四、本科目的账务处理参见“受托代理资产”、“库存现金”、“银行存款”等科目。

五、本科目期末贷方余额，反映行政单位尚未清偿的受托代理负债。

三、净资产类

3001 财政拨款结转

一、本科目核算行政单位滚存的财政拨款结转资金，包括基本支出结转、项目支出结转。

二、本科目应当设置“基本支出结转”、“项目支出结转”两个明细科目；在“基本支出结转”明细科目下按照“人员经费”和“日常公用经费”进行明细核算，在“项目支出结转”明细科目下按照具体项目进行明细核算；本科目还应当按照《政府收支分类科目》中“支出功能分类科目”的项级科目进行明细核算。

有公共财政预算拨款、政府性基金预算拨款等两种或两种以上财政拨款的行政单位，还应当按照财政拨款种类分别进行明细核算。

本科目还可以根据管理需要按照财政拨款结转变动原因，设置“收支转账”、“结余转账”、“年初余额调整”、“归集上缴”、“归集调入”、“单位内部调剂”、“剩余结转”等明细科目，进行明细核算。

三、财政拨款结转的主要账务处理如下：

（一）调整以前年度财政拨款结转。因发生差错更正，以前年度支出收回等原因，需要调整财政拨款结转的，按照实际调增财政拨款结转的金额，借记有关科目，贷记本科目（年初余额调整）；按照实际调减财政拨款结转的金额，借记本科目（年初余额调整），贷记有关科目。

（二）从其他单位调入财政拨款结余资金。按照规定从其他单位调入财政拨款结余资金时，按照实际调增的额度数额或调入的资金数额，借记“零余额账户用款额度”、“银行存款”等科目，贷记本科目（归集调入）及其明细。

（三）上缴财政拨款结转。按照规定上缴财政拨款结转资金时，按照实际核销的额度数额或上缴的资金数额，借记本科目（归集上缴）及其明细，贷记“财政应返还额度”、“零余额账户用款额度”、“银行存款”等科目。

（四）单位内部调剂结余资金。经财政部门批准对财政拨款结余资金改变用途，调整用于其他未完成项目等，按照调整的金额，借记“财政拨款结余”科目（单位内部调剂）及其明细，贷记本科目（单位内部调剂）及其明细。

（五）结转本年财政拨款收入和支出。

1. 年末，将财政拨款收入本年发生额转入本科目，借记“财政拨款收入——基本支出拨款、项目支出拨款”科目及其明细，贷记本科目（收支转账——基本支出结转、项目支出结转）及其明细。

2. 年末，将财政拨款支出本年发生额转入本科目，借记本科目（收支转账——基本支出结转、项目支出结转）及其明细，贷记“经费支出——财政拨款支出——基本支出、项目支出”科目及其明细。

（六）将完成项目的结转资金转入财政拨款结余。年末完成上述财政拨款收支转账后，对各项目执行情况进行分析，按照有关规定将符合财政拨款结余性质的项目余额转入财政拨款结余，借记本科目（结余转账——项目支出结转）及其明细，贷记“财政拨款结余”（结余转账——项目支出结余）科目及其明细。

（七）年末冲销有关明细科目余额。

年末收支转账后，将本科目所属“收支转账”、“结余转账”、“年初余额调整”、“归集上缴”、“归集调入”、“单位内部调剂”等明细科目余额转入“剩余结转”明细科目；转账后，本科目除“剩余结转”明细科目外，其他明细科目应无余额。

四、本科目期末贷方余额，反映行政单位滚存的财政拨款结转资金数额。

3002　财政拨款结余

一、本科目核算行政单位滚存的财政拨款项目支出结余资金。

二、本科目应当按照具体项目、《政府收支分类科目》中“支出功能分类科目”的项级科目等进行明细核算。

有公共财政预算拨款、政府性基金预算拨款等两种或两种以上财政拨款的行政单位，还应当按照财政拨款的种类分别进行明细核算。

本科目还可以根据管理需要按照财政拨款结余变动原因，设置“结余转账”、“年初余额调整”、“归集上缴”、“单位内部调剂”、“剩余结余”等明细科目，进行明细核算。

三、财政拨款结余的主要账务处理如下：

（一）调整以前年度财政拨款结余。因发生差错更正、以前年度支出收回等原因，需要调整财政拨款结余的，按照实际调增财政拨款结余的金额，借记有关科目，贷记本科目（年初余额调整）；按照实际调减财政拨款结余的金额，借记本科目（年初余额调整），贷记有关科目。

（二）上缴财政拨款结余。按照规定上缴财政拨款结余时，按照实际核销的额度数额或上缴的资金数额，借记本科目（归集上缴）及其明细，贷记“财政应返还额度”、“零余额账户用款额度”、“银行存款”等科目。

（三）单位内部调剂结余资金。经财政部门批准将本单位完成项目结余资金调整用于基本支出或其他未完成项目支出时，按照批准调剂的金额，借记本科目（单位内部调剂）及其明细，贷记“财政拨款结转”（单位内部调剂）科目及其明细。

（四）将完成项目的结转资金转入财政拨款结余。年末，对财政拨款各项目执行情况进行分析，按照有关规定将符合财政拨款结余性质的项目余额转入本科目，借记“财政拨款结转”（结余转账——项目支出结转）科目及其明细，贷记本科目（结余转账——项目支出结余）及其明细。

（五）年末冲销有关明细科目余额。年末，将本科目所属“结余转账”、“年初余额调整”、“归集上缴”、“单位内部调剂”等明细科目余额转入“剩余结余”明细科目；转账后，本科目除“剩余结余”明细科目外，其他明细科目应无余额。

四、本科目期末贷方余额，反映行政单位滚存的财政拨款结余资金数额。

3101 其他资金结转结余

一、本科目核算行政单位除财政拨款收支以外的其他各项收支相抵后剩余的滚存资金。

二、本科目应当设置“项目结转”和“非项目结余”明细科目，分别对项目资金和非项目资金进行明细核算。对于项目结转，还应当按照具体项目进行明细核算。

本科目还可以根据管理需要按照其他资金结转结余变动原因，设置“收支转账”、“年初余额调整”、“结余调剂”、“剩余结转结余”等明细科目，进行明细核算。

三、其他资金结转结余的主要账务处理如下：

（一）调整以前年度其他资金结转结余。因发生差错更正、以前年度支出收回等原因，需要调整其他资金结转结余的，按照实际调增的金额，借记有关科目，贷记本科目（年初余额调整）及其相关明细。按照实际调减的金额，借记本科目（年初余额调整）及其相关明细，贷记有关科目。

（二）结转本年其他资金收入和支出：

1. 年末，将其他收入中的项目资金收入本年发生额转入本科目，借记“其他收入”科目及其明细，贷记本科目（项目结转——收支转账）及其明细；将其他收入中的非项目资金收入本年发生额转入本科目，借记“其他收入”科目及其明细，贷记本科目（非项目结余——收支转账）。

2. 年末，将其他资金支出中的项目支出本年发生额转入本科目，借记本科目（项目结转——收支转账）及其明细，贷记“经费支出——其他资金支出”科目（项目支出）及其明细、“拨出经费”科目（项目支出）及其明细；将其他资金支出中的基本支出本年发生额转入本科目，借记本科目（非项目结余——收支转账），贷记“经费支出——其他资金支出”科目（基本支出）、“拨出经费”科目（基本支出）。

（三）缴回或转出项目结余。完成上述（二）转账后，对本年末各项目执行情况进行分析，区分年末已完成项目和尚未完成项目，在此基础上，对完成项目的剩余资金根据不同情况进行账务处理：

1. 需要缴回原项目资金出资单位的，按照缴回的金额，借记本科目（项目结转——结余调剂）及其明细，贷记“银行存款”、“其他应付款”等科目。

2. 将项目剩余资金留归本单位用于其他非项目用途的，按照剩余的项目资金金额，借记本科目（项目结转——结余调剂）及其明细，贷记本科目（非项目结余——结余调剂）。

（四）用非项目资金结余补充项目资金。按照实际补充项目资金的金额，借记本科目（非项目结余——结余调剂），贷记本科目（项目结转——结余调剂）及其明细。

（五）年末冲销有关明细科目余额。年末收支转账后，将本科目所属“收支转账”、“年初余额调整”、“结余调剂”等明细科目余额转入“剩余结转结余”明细科目；转账后，本科目除“剩余结转结余”明细科目外，其他明细科目应无余额。

四、本科目期末贷方余额，反映行政单位滚存的各项非财政拨款资金结转结余数额。

3501　资产基金

一、本科目核算行政单位的预付账款、存货、固定资产、在建工程、无形资产、政府储备物资、公共基础设施等非货币性资产在净资产中占用的金额。

二、本科目应当设置“预付款项”、“存货”、“固定资产”、“在建工程”、“无形资产”、“政府储备物资”、“公共基础设施”等明细科目，进行明细核算。

三、资产基金的主要账务处理如下：

（一）资产基金应当在发生预付账款，取得存货、固定资产、在建工程、无形资产、政府储备物资、公共基础设施时确认。

1. 发生预付账款时，按照实际发生的金额，借记“预付账款”科目，贷记本科目（预付款项）；同时，按照实际支付的金额，借记“经费支出”科目，贷记“财政拨款收入”、“零余额账户用款额度”、“银行存款”等科目。

2. 取得存货、固定资产、在建工程、无形资产、政府储备物资、公共基础设施等资产时，按照取得资产的成本，借记“存货”、“固定资产”、“在建工程”、“无形资产”、“政府储备物资”、“公共基础设施”等科目，贷记本科目（存货、固定资产、在建工程、无形资产、政府储备物资、公共基础设施）；同时，按照实际发生的支出，借记“经费支出”科目，贷记“财政拨款收入”、“零余额账户用款额度”、“银行存款”等科目。

（二）收到预付账款购买的物资或服务时，应当相应冲减资产基金。

按照相应的预付账款金额，借记本科目（预付款项），贷记“预付账款”科目。

（三）领用和发出存货、政府储备物资时，应当相应冲减资产基金。

领用和发出存货、政府储备物资时，按照领用和发出存货、政府储备物资的成本，借记本科目（存货、政府储备物资），贷记“存货”、“政府储备物资”科目。

（四）计提固定资产折旧、公共基础设施折旧、无形资产摊销时，应当冲减资产基金。

计提固定资产折旧、公共基础设施折旧、无形资产摊销时，按照计提的折旧、摊销金额，借记本科目（固定资产、公共基础设施、无形资产），贷记“累计折旧”、“累计摊销”科目。

（五）无偿调出、对外捐赠存货、固定资产、无形资产、政府储备物资、公共基础设施时，应当冲减该资产对应的资产基金。

1. 无偿调出、对外捐赠存货、政府储备物资时，按照存货、政府储备物资的账面余额，借记本科目及其明细，贷记“存货”、“政府储备物资”等科目。

2. 无偿调出、对外捐赠固定资产、公共基础设施、无形资产时，按照相关固定资产、公共基础设施、无形资产的账面价值，借记本科目及其明细，按照已计提折旧、已计提摊销的金额，借记“累计折旧”、“累计摊销”科目，按照固定资产、公共基础设施、无形资产的账面余额，贷记“固定资产”、“公共基础设施”、“无形资产”科目。

（六）通过“待处理财产损溢”科目核算的资产处置，有关本科目的账务处理参见“待处理财产损溢”科目。

四、本科目期末贷方余额，反映行政单位非货币性资产在净资产中占用的金额。

3502 待偿债净资产

一、本科目核算行政单位因发生应付账款和长期应付款而相应需在净资产中冲减的金额。

二、待偿债净资产的主要账务处理如下：

（一）发生应付账款、长期应付款时，按照实际发生的金额，借记本科目，贷记“应付账款”、“长期应付款”等科目。

（二）偿付应付账款、长期应付款时，按照实际偿付的金额，借记“应付账款”、“长期应付款”等科目，贷记本科目；同时，按照实际支付的金额，借记“经费支出”科目，贷记“财政拨款收入”、“零余额账户用款额度”、“银行存款”等科目。

（三）因债权人原因，核销确定无法支付的应付账款、长期应付款时，按照报经批准核销的金额，借记“应付账款”、“长期应付款”科目，贷记本科目。

三、本科目期末借方余额，反映行政单位因尚未支付的应付账款和长期应付款而需相应冲减净资产的金额。

四、收入类

4001 财政拨款收入

一、本科目核算行政单位从同级财政部门取得的财政预算资金。

二、本科目应当设置“基本支出拨款”和“项目支出拨款”两个明细科目，分别核算行政单位取得用于基本支出和项目支出的财政拨款资金；同时，按照《政府收支分类科目》中“支出功能分类科目”的项级科目进行明细核算；在“基本支出拨款”明细科目下按照“人员经费”和“日常公用经费”进行明细核算，在“项目支出拨款”明细科目下按照具体项目进行明细核算。

有公共财政预算拨款、政府性基金预算拨款等两种或两种以上财政拨款的行政单位，还应当按照财政拨款的种类分别进行明细核算。

三、财政拨款收入的主要账务处理如下：

（一）财政直接支付方式下，行政单位根据收到的“财政直接支付入账通知书”及相关原始凭证，借记“经费支出”科目，贷记本科目。

年末，行政单位根据本年度财政直接支付预算指标数与财政直接支付实际支出数的差额，借记“财政应返还额度——财政直接支付”科目，贷记本科目。

（二）财政授权支付方式下，行政单位根据收到的“财政授权支付额度到账通知书”，借记“零余额账户用款额度”等科目，贷记本科目。

年末，如行政单位本年度财政授权支付预算指标数大于财政授权支付额度下达数，根据两者间的差额，借记“财政应返还额度——财政授权支付”科目，贷记本科目。

（三）其他方式下，实际收到财政拨款收入时，借记“银行存款”等科目，贷记本科目。

（四）本年度财政直接支付的资金收回时，借记本科目，贷记“经费支出”等科目。

（五）年末，将本科目本年发生额转入财政拨款结转时，借记本科目，贷记“财政拨款结转”科目。

四、年终结账后，本科目应无余额。

4011　其他收入

一、本科目核算行政单位取得的除财政拨款收入以外的其他各项收入，如从非同级财政部门、上级主管部门等取得的用于完成项目或专项任务的资金、库存现金溢余等。行政单位从非同级财政部门、上级主管部门等取得指定转给其他单位，且未纳入本单位预算管理的资金，不通过本科目核算，应当通过“其他应付款”科目核算。

二、本科目应当按照其他收入的类别、来源单位、项目资金和非项目资金进行明细核算。对于项目资金收入，还应当按照具体项目进行明细核算。

三、其他收入的主要账务处理如下：

（一）收到属于其他收入的各种款项时，按照实际收到的金额，借记“银行存款”、“库存现金”等科目，贷记本科目。

（二）年末，将本科目本年发生额转入其他资金结转结余时，借记本科目，贷记“其他资金结转结余”科目。

四、年终结账后，本科目应无余额。

五、支出类

5001 经费支出

一、本科目核算行政单位在开展业务活动中发生的各项支出。

二、本科目应当分别按照“财政拨款支出”和“其他资金支出”、“基本支出”和“项目支出”等分类进行明细核算；并按照《政府收支分类科目》中“支出功能分类科目”的项级科目进行明细核算；“基本支出”和“项目支出”明细科目下应当按照《政府收支分类科目》中“支出经济分类科目”的款级科目进行明细核算。同时在“项目支出”明细科目下按照具体项目进行明细核算。

有公共财政预算拨款、政府性基金预算拨款等两种或两种以上财政拨款的行政单位，还应当按照财政拨款的种类分别进行明细核算。

三、经费支出的主要账务处理如下：

（一）计提单位职工薪酬时，按照计算出的金额，借记本科目，贷记“应付职工薪酬”科目。

（二）支付外部人员劳务费，按照应当支付的金额，借记本科目，按照代扣代缴个人所得税的金额，贷记“应缴税费”科目，按照扣税后实际支付的金额，贷记“财政拨款收入”、“零余额账户用款额度”、“银行存款”等科目。

（三）支付购买存货、固定资产、无形资产、政府储备物资和工程结算的款项，按照实际支付的金额，借记本科目，贷记“财政拨款收入”、“零余额账户用款额度”、“银行存款”等科目；同时，按照采购或工程结算成本，借记“存货”、“固定资产”、“无形资产”、“在建工程”、“政府储备物资”等科目，贷记“资产基金”及其明细科目。

（四）发生预付账款的，按照实际预付的金额，借记本科目，贷记“财政拨款收入”、“零余额账户用款额度”、“银行存款”等科目；同时，借记“预付账款”科目，贷记“资产基金——预付款项”科目。

（五）偿还应付款项时，按照实际偿付的金额，借记本科目，贷记“财政拨款收入”、“零余额账户用款额度”、“银行存款”等科目；同时，借记“应付账款”、“长期应付款”科目，贷记“待偿债净资产”科目。

（六）发生其他各项支出时，按照实际支付的金额，借记本科目，贷记“财政拨款收入”、“零余额账户用款额度”、“银行存款”等科目。

（七）行政单位因退货等原因发生支出收回的，属于当年支出收回的，借记“财政拨款收入”、“零余额账户用款额度”、“银行存款”等科目，贷记本科目；属于以前年度支出收回的，借记“财政应返还额度”、“零余额账户用款额度”、“银行存款”等科目，贷记“财政拨款结转”、“财政拨款结余”、“其他资金结转结余”等科目。

（八）年末，将本科目本年发生额分别转入财政拨款结转和其他资金结转结余时，借记“财政拨款结转”、“其他资金结转结余”科目，贷记本科目。

四、年终结账后，本科目应无余额。

5101 拨出经费

一、本科目核算行政单位向所属单位拨出的纳入单位预算管理的非同级财政拨款资金，如拨给所属单位的专项经费和补助经费等。

二、本科目应当分别按照“基本支出”和“项目支出”进行明细核算；还应当按照接受拨出经费的具体单位和款项类别等分别进行明细核算。

三、拨出经费的主要账务处理如下：

（一）向所属单位拨付非同级财政拨款资金等款项时，借记本科目，贷记“银行存款”等科目。

（二）收回拨出经费时，借记“银行存款”等科目，贷记本科目。

（三）年末，将本科目本年发生额转入其他资金结转结余时，借记“其他资金结转结余”科目，贷记本科目。

四、年终结账后，本科目应无余额。

第九章 财务报表

第四十条 财务报表是反映行政单位财务状况和预算执行结果等的书面文件，由会计报表及其附注构成。会计报表包括资产负债表、收入支出表、财政拨款收入支出表等。

资产负债表是反映行政单位在某一特定日期财务状况的报表。资产负债表应当按照资产、负债和净资产分类、分项列示。

收入支出表是反映行政单位在某一会计期间全部预算收支执行结果的报表。收入支出表应当按照收入、支出的构成和结转结余情况分类、分项列示。

财政拨款收入支出表是反映行政单位在某一会计期间财政拨款收入、支出、结转及结余情况的报表。

附注是指对在会计报表中列示项目的文字描述或明细资料，以及对未能在会计报表中列示项目的说明等。

第四十一条 行政单位会计报表的格式如下：

资产负债表

会行政01表

编制单位：　　　　______年____月____日　　　　单位：元

资产	年初余额	期末余额	负债和净资产	年初余额	期末余额
流动资产：			流动负债：		
库存现金			应缴财政款		
银行存款			应缴税费		
财政应返还额度			应付职工薪酬		

续表

资产	年初余额	期末余额	负债和净资产	年初余额	期末余额
应收账款			应付账款		
预付账款			应付政府补贴款		
其他应收款			其他应付款		
存货			一年以内到期的非流动负债		
流动资产合计			流动负债合计		
固定资产			非流动负债：		
固定资产原价			长期应付款		
减：固定资产累计折旧			受托代理负债		
在建工程			负债合计		
无形资产					
无形资产原价					
减：累计摊销					
待处理财产损溢			财政拨款结转		
政府储备物资			财政拨款结余		
公共基础设施			其他资金结转结余		
公共基础设施原价			其中：项目结转		
减：公共基础设施累计折旧			资产基金		
公共基础设施在建工程			待偿债净资产		
受托代理资产			净资产合计		
资产总计			负债和净资产合计		

收入支出表

会行政 02 表

编制单位：　　　　＿＿＿＿年＿＿＿月　　　　单位：元

项目	本月数	本年累计数
一、年初各项资金结转结余		
（一）年初财政拨款结转结余		
1. 财政拨款结转		

续表

项目	本月数	本年累计数
2. 财政拨款结余		
（二）年初其他资金结转结余		
二、各项资金结转结余调整及变动		
（一）财政拨款结转结余调整及变动		
（二）其他资金结转结余调整及变动		
三、收入合计		
（一）财政拨款收入		
1. 基本支出拨款		
2. 项目支出拨款		
（二）其他资金收入		
1. 非项目收入		
2. 项目收入		
四、支出合计		
（一）财政拨款支出		
1. 基本支出		
2. 项目支出		
（二）其他资金支出		
1. 非项目支出		
2. 项目支出		
五、本期收支差额		
（一）财政拨款收支差额		
（二）其他资金收支差额		
六、年末各项资金结转结余		
（一）年末财政拨款结转结余		
1. 财政拨款结转		
2. 财政拨款结余		

（二）年末其他资金结转结余

财政拨款收入支出表

会行政 02 表

编制单位： ______年____月 单位：元

项目	年初财政拨款结转结余		调整年初财政拨款结转结余	归集调入或上缴	单位内部调剂		本年财政拨款收入	本年财政拨款支出	年末财政拨款结转结余	
	结余	结转			结余	结转			结转	结余
一、公共财政预算资金										
（一）基本支出										
1. 人员经费										
2. 日常公用经费										
（二）项目支出										
1. ××项目										
2. ××项目										
……										
二、政府性基金预算资金										
（一）基本支出										
1. 人员经费										
2. 日常公用经费										
（二）项目支出										
1. ××项目										
2. ××项目										
……										
总计										

第四十二条 行政单位应当按照下列规定编制财务报表：

一、行政单位资产负债表、财政拨款收入支出表和附注应当至少按照年度编制，收入支出表应当按照月度和年度编制。

二、行政单位应当根据本制度编制并提供真实、完整的财务报表。行政单位不得违反规定，随意改变本制度规定的会计报表格式、编制依据和方法，不得随意改变本制度规定的会计报表有关数据的会计口径。

三、行政单位的财务报表应当根据登记完整、核对无误的账簿记录和其他有关资料编制，要做到数字真实、计算准确、内容完整、报送及时。

四、行政单位财务报表应当由单位负责人和主管会计工作的负责人、会计机构负责人（会计主管人员）签名并盖章。

第四十三条 行政单位财务报表编制说明如下：

一、资产负债表的编制说明

（一）本表“年初余额”栏内各项数字，应当根据上年年末资产负债表“期末余额”栏内数字填列。如果本年度资产负债表规定的各个项目的名称和内容同上年度不相一致，应对上年年末资产负债表各项目的名称和数字按照本年度的规定进行调整，填入本表“年初余额”栏内。

（二）本表“期末余额”栏各项目的内容和填列方法。

1. 资产类项目。

（1）“库存现金”项目，反映行政单位期末库存现金的金额。本项目应当根据“库存现金”科目的期末余额填列；期末库存现金中有属于受托代理现金的，本项目应当根据“库存现金”科目的期末余额减去其中属于受托代理的现金金额后的余额填列。

（2）“银行存款”项目，反映行政单位期末银行存款的金额。本项目应当根据“银行存款”科目的期末余额填列；期末银行存款中有属于受托代理存款的，本项目应当根据“银行存款”科目的期末余额减去其中属于受托代理的存款金额后的余额填列。

（3）“财政应返还额度”项目，反映行政单位期末财政应返还额度的金额。本项目应当根据“财政应返还额度”科目的期末余额填列。

（4）“应收账款”项目，反映行政单位期末尚未收回的应收账款金额。本项目应当根据“应收账款”科目的期末余额填列。

（5）“预付账款”项目，反映行政单位预付给物资或者服务提供者款项的金额。本项目应当根据“预付账款”科目的期末余额填列。

（6）“其他应收款”项目，反映行政单位期末尚未收回的其他应收款余额。本项目应当根据“其他应收款”科目的期末余额填列。

（7）“存货”项目，反映行政单位期末为开展业务活动耗用而储存的存货的实际成本。本项目应当根据“存货”科目的期末余额填列。

（8）“固定资产”项目，反映行政单位期末各项固定资产的账面价值。本项目应当根据“固定资产”科目的期末余额减去“累计折旧”科目中“固定资产累计折旧”明细科目的期末余额后的金额填列。

“固定资产原价”项目，反映行政单位期末各项固定资产的原价。本项目应当根据“固定资产”科目的期末余额填列。

“固定资产累计折旧”项目，反映行政单位期末各项固定资产的累计折旧金额。本项目应当根据“累计折旧”科目中“固定资产累计折旧”明细科目的期末余额填列。

（9）“在建工程”项目，反映行政单位期末除公共基础设施在建工程以外的尚未完工交付使用的在建工程的实际成本。本项目应当根据“在建工程”科目中属于非公共基础设施在建工程的期末余额填列。

(10)“无形资产”项目，反映行政单位期末各项无形资产的账面价值。本项目应当根据“无形资产”科目的期末余额减去“累计摊销”科目的期末余额后的金额填列。

“无形资产原价”项目，反映行政单位期末各项无形资产的原价。本项目应当根据“无形资产”科目的期末余额填列。

“累计摊销”项目，反映行政单位期末各项无形资产的累计摊销金额。本项目应当根据“累计摊销”科目的期末余额填列。

(11)“待处理财产损溢”项目，反映行政单位期末待处理财产的价值及处理损溢。本项目应当根据“待处理财产损溢”科目的期末借方余额填列；如“待处理财产损溢”科目期末为贷方余额，则以“-”号填列。

(12)“政府储备物资”项目，反映行政单位期末储存管理的各种政府储备物资的实际成本。本项目应当根据“政府储备物资”科目的期末余额填列。

(13)“公共基础设施”项目，反映行政单位期末占有并直接管理的公共基础设施的账面价值。本项目应当根据“公共基础设施”科目的期末余额减去“累计折旧”科目中“公共基础设施累计折旧”明细科目的期末余额后的金额填列。

“公共基础设施原价”项目，反映行政单位期末占有并直接管理的公共基础设施的原价。本项目应当根据“公共基础设施”科目的期末余额填列。

“公共基础设施累计折旧”项目，反映行政单位期末占有并直接管理的公共基础设施的累计折旧金额。本项目应当根据“累计折旧”科目中“公共基础设施累计折旧”明细科目的期末余额填列。

(14)“公共基础设施在建工程”项目，反映行政单位期末尚未完工交付使用的公共基础设施在建工程的实际成本。本项目应当根据“在建工程”科目中属于公共基础设施在建工程的期末余额填列。

(15)“受托代理资产”项目，反映行政单位期末受托代理资产的价值。本项目应当根据“受托代理资产”科目的期末余额（扣除其中受托储存管理物资的金额）加上“库存现金”、“银行存款”科目中属于受托代理资产的现金余额和银行存款余额的合计数填列。

2. 负债类项目。

(16)“应缴财政款”项目，反映行政单位期末按规定应当上缴财政的款项（应缴税费除外）。本项目应当根据“应缴财政款”科目的期末余额填列。

(17)“应缴税费”项目，反映行政单位期末应缴未缴的各种税费。本项目应当根据“应缴税费”科目的期末贷方余额填列；如“应缴税费”科目期末为借方余额，则以“-”号填列。

（18）“应付职工薪酬”项目，反映行政单位期末尚未支付给职工的各种薪酬。本项目应当根据“应付职工薪酬”科目的期末余额填列。

（19）“应付账款”项目，反映行政单位期末尚未支付的偿还期限在1年以内（含1年）的应付账款的金额。本项目应当根据“应付账款”科目的期末余额填列。

（20）“应付政府补贴款”项目，反映行政单位期末尚未支付的应付政府补贴款的金额。本项目应当根据“应付政府补贴款”科目的期末余额填列。

（21）“其他应付款”项目，反映行政单位期末尚未支付的其他各项应付及暂收款项的金额。本项目应当根据“其他应付款”科目的期末余额填列。

（22）“一年内到期的非流动负债”项目，反映行政单位期末承担的1年以内（含1年）到偿还期的非流动负债。本项目应当根据“长期应付款”等科目的期末余额分析填列。

（23）“长期应付款”项目，反映行政单位期末承担的偿还期限超过1年的应付款项。本项目应当根据“长期应付款”科目的期末余额减去其中1年以内（含1年）到偿还期的长期应付款金额后的余额填列。

（24）“受托代理负债”项目，反映行政单位期末受托代理负债的金额。本项目应当根据“受托代理负债”科目的期末余额（扣除其中受托储存管理物资对应的金额）填列。

3. 净资产类项目。

（25）“财政拨款结转”项目，反映行政单位期末滚存的财政拨款结转资金。本项目应当根据“财政拨款结转”科目的期末余额填列。

（26）“财政拨款结余”项目，反映行政单位期末滚存的财政拨款结余资金。本项目应当根据“财政拨款结余”科目的期末余额填列。

（27）“其他资金结转结余”项目，反映行政单位期末滚存的除财政拨款以外的其他资金结转结余的金额。本项目应当根据“其他资金结转结余”科目的期末余额填列。

“项目结转”项目，反映行政单位期末滚存的非财政拨款未完成项目结转资金。本项目应当根据“其他资金结转结余”科目中“项目结转”明细科目的期末余额填列。

（28）“资产基金”项目，反映行政单位期末预付账款、存货、固定资产、在建工程、无形资产、政府储备物资、公共基础设施等非货币性资产在净资产中占用的金额。本项目应当根据“资产基金”科目的期末余额填列。

（29）“待偿债净资产”项目，反映行政单位期末因应付账款和长期应付款等负债而相应需在净资产中冲减的金额。本项目应当根据“待偿债净资产”科目的期末借方余额以“－”号填列。

（三）行政单位按月编制资产负债表的，应当遵照以下规定编制：

1. 月度资产负债表应在资产部分“银行存款”项目下增加“零余额账户用款额度”项目。

2. “零余额账户用款额度”项目，反映行政单位期末零余额账户用款额度的金额。本项目应当根据“零余额账户用款额度”科目的期末余额填列。

3. “财政拨款结转”项目。本项目应当根据“财政拨款结转”科目的期末余额，加上“财政拨款收入”科目本年累计发生额，减去“经费支出——财政拨款支出”科目本年累计发生额后的余额填列。

4. “其他资金结转结余”项目。本项目应当根据“其他资金结转结余”科目的期末余额，加上“其他收入”科目本年累计发生额，减去“经费支出——其他资金支出”科目本年累计发生额，再减去“拨出经费”科目本年累计发生额后的余额填列。

“项目结转”项目。本项目应当根据“其他资金结转结余”科目中“项目结转”明细科目的期末余额，加上“其他收入”科目中项目收入的本年累计发生额，减去“经费支出——其他资金支出”科目中项目支出本年累计发生额，再减去“拨出经费”科目中项目支出本年累计发生额后的余额填列。

5. 月度资产负债表其他项目的填列方法与年度资产负债表的填列方法相同。

二、收入支出表的编制说明

（一）本表“本月数”栏反映各项目的本月实际发生数。在编制年度收入支出表时，应当将本栏改为“上年数”栏，反映上年度各项目的实际发生数；如果本年度收入支出表规定的各个项目的名称和内容同上年度不一致，应对上年度收入支出表各项目的名称和数字按照本年度的规定进行调整，填入本年度收入支出表的“上年数”栏。

本表“本年累计数”栏反映各项目自年初起至报告期末止的累计实际发生数。编制年度收入支出表时，应当将本栏改为“本年数”。

（二）本表“本月数”栏各项目的内容和填列方法：

1. “年初各项资金结转结余”项目及其所属各明细项目，反映行政单位本年初所有资金结转结余的金额。各明细项目应当根据“财政拨款结转”、“财政拨款结余”、“其他资金结转结余”及其明细科目的年初余额填列。本项目及其所属各明细项目的数额，应当与上年度收入支出表中“年末各项资金结转结余”中各明细项目的数额相等。

2. “各项资金结转结余调整及变动”项目及其所属各明细项目，反映行政单位因发生需要调整以前年度各项资金结转结余的事项，以及本年因调入、上缴或交回等导致各项资金结转结余变动的金额。

（1）“财政拨款结转结余调整及变动”项目，根据“财政拨款结转”、“财政拨款结余”科目下的“年初余额调整”、“归集上缴”、“归集调入”明细科目的本期贷方发生额合计数减去本期借方发生额合计数的差额填列；如为负数，以“－”号填列。

（2）“其他资金结转结余调整及变动”项目，根据“其他资金结转结余”科目下的“年初余额调整”、“结余调剂”明细科目的本期贷方发生额合计数减去本期借方发生额合计数的差额填列；如为负数，以“－”号填列。

3. “收入合计”项目，反映行政单位本期取得的各项收入的金额。本项目应当根据“财政拨款收入”科目的本期发生额加上“其他收入”科目的本期发生额的合计数填列。

（1）“财政拨款收入”项目及其所属明细项目，反映行政单位本期从同级财政部门取得的各类财政拨款的金额。本项目应当根据“财政拨款收入”科目及其所属明细科目的本期发生额填列。

（2）“其他资金收入”项目及其所属明细项目，反映行政单位本期取得的各类非财政拨款的金额。本项目应当根据“其他收入”科目及其所属明细科目的本期发生额填列。

4. “支出合计”项目，反映行政单位本期发生的各项资金支出金额。本项目应当根据“经费支出”和“拨出经费”科目的本期发生额的合计数填列。

（1）“财政拨款支出”项目及其所属明细项目，反映行政单位本期发生的财政拨款支出金额。本项目应当根据“经费支出——财政拨款支出”科目及其所属明细科目的本期发生额填列。

（2）“其他资金支出”项目及其所属明细项目，反映行政单位本期使用各类非财政拨款资金发生的支出金额。本项目应当根据“经费支出——其他资金支出”和“拨出经费”科目及其所属明细科目的本期发生额的合计数填列。

5. “本期收支差额”项目及其所属各明细项目，反映行政单位本期发生的各项资金收入和支出相抵后的余额。

（1）“财政拨款收支差额”项目，反映行政单位本期发生的财政拨款资金收入和支出相抵后的余额。本项目应当根据本表中“财政拨款收入”项目金额减去“财政拨款支出”项目金额后的余额填列；如为负数，以“－”号填列。

（2）“其他资金收支差额”项目，反映行政单位本期发生的非财政拨款资金收入和支出相抵后的余额。本项目应当根据本表中“其他资金收入”项目金额减去“其他资金支出”项目金额后的余额填列；如为负数，以“－”号填列。

6. “年末各项资金结转结余”项目及其所属各明细项目，反映行政单位截至本年末的各项资金结转结余金额。各明细项目应当根据“财政拨款结转”、“财政拨款结余”、“其他资金结转结余”科目的年末余额填列。

上述“年初各项资金结转结余”、“年末各项资金结转结余”项目及其所属各明细项目，只在编制年度收入支出表时填列。

三、财政拨款收入支出表的编制说明

（一）本表“项目”栏内各项目，应当根据行政单位取得的财政拨款种类分项设置；其中“项目支出”下，根据每个项目设置；行政单位取得除公共财政预算拨款和政府性基金预算拨款以外的其他财政拨款的，应当按照财政拨款种类增加相应的资金项目及其明细项目。

（二）本表各栏及其对应项目的内容和填列方法：

1. “年初财政拨款结转结余”栏中各项目，反映行政单位年初各项财政拨款结转和结余的金额。各项目应当根据“财政拨款结转”、“财政拨款结余”及其明细科目的年初余额填列。本栏目中各项目的数额，应当与上年度财政拨款收入支出表中“年末财政拨款结转结余”栏中各项目的数额相等。

2. “调整年初财政拨款结转结余”栏中各项目，反映行政单位对年初财政拨款结转结余的调整金额。各项目应当根据“财政拨款结转”、“财政拨款结余”科目中“年初余额调整”科目及其所属明细科目的本年发生额填列。如调整减少年初财政拨款结转结余，以“－”号填列。

3. “归集调入或上缴”栏中各项目，反映行政单位本年取得主管部门归集调入的财政拨款结转结余资金和按规定实际上缴的财政拨款结转结余资金金额。各项目应当根据“财政拨款结转”、“财政拨款结余”科目中“归集上缴”和“归集调入”科目及其所属明细科目的本年发生额填列。对归集上缴的财政拨款结转结余资金，以“－”号填列。

4. “单位内部调剂”栏中各项目，反映行政单位本年财政拨款结转结余资金在内部不同项目之间的调剂金额。各项目应当根据“财政拨款结转”和“财政拨款结余”科目中的“单位内部调剂”及其所属明细科目的本年发生额填列。对单位内部调剂减少的财政拨款结转结余项目，以“－”号填列。

5. “本年财政拨款收入”栏中各项目，反映行政单位本年从同级财政部门取得的各类财政预算拨款金额。各项目应当根据“财政拨款收入”科目及其所属明细科目的本年发生额填列。

6. “本年财政拨款支出”栏中各项目，反映行政单位本年发生的财政拨款支出金额。各项目应当根据“经费支出”科目及其所属明细科目的本年发生额填列。

7. “年末财政拨款结转结余”栏中各项目，反映行政单位年末财政拨款结转结余的金额。各项目应当根据“财政拨款结转”、“财政拨款结余”科目及其所属明细科目的年末余额填列。

四、附注

行政单位的报表附注应当至少披露下列内容：

（一）遵循《行政单位会计制度》的声明；

（二）单位整体财务状况、预算执行情况的说明；

（三）会计报表中列示的重要项目的进一步说明，包括其主要构成、增减变动情况等；

（四）重要资产处置、资产重大损失情况的说明；

（五）以名义金额计量的资产名称、数量等情况，以及以名义金额计量理由的说明；

（六）或有负债情况的说明、1 年以上到期负债预计偿还时间和数量的说明；

（七）以前年度结转结余调整情况的说明；

（八）有助于理解和分析会计报表的其他需要说明事项。

第十章　附则

第四十四条　行政单位有关基本建设投资会计并账的要求和新旧会计制度的衔接，由财政部另行规定。

第四十五条　国家物资储备局及所属行政单位管理的储备物资的会计核算，按照《国家物资储备资金会计制度》规定执行。

行政单位会计机构设置、会计人员配备、会计基础工作、会计档案管理以及内部控制等，按照《中华人民共和国会计法》、《会计基础工作规范》、《会计档案管理办法》、《行政事业单位内部控制规范（试行）》等规定执行。开展会计信息化工作的行政单位，还应当按照财政部制定的相关会计信息化工作规范执行。

第四十六条　本制度自 2014 年 1 月 1 日起施行。1998 年 2 月 6 日财政部印发的《行政单位会计制度》（财预字〔1998〕49 号）同时废止。

主要参考资料

[1]《行政单位会计制度》，中华人民共和国财政部 2013 年 12 月 18 日发布，自 2014 年 1 月 1 日起施行。

[2]《企业会计准则——应用指南 2006》，中国财政经济出版社 2006 年版。

[3]《行政单位会计制度》，中国财政经济出版社 2013 年版。

[4]《行政单位会计制度讲解》，立信会计出版社 2014 年版。

[5]《事业单位会计准则条文释义》，中华工商联合出版社 2013 年版。

[6]《行政单位财务规则》，经济科学出版社 2013 年版。